燕巖尺牘
연암 척독

≪지만지한국문학≫은
한국의 고전 문학과 근현대 문학을 출간합니다.
널리 알려진 작품부터
세월의 흐름에 묻혀 이름을 빛내지 못한 작품까지
적극적으로 발굴합니다.
오랜 시간 그 작품을 연구한 전문가가
정확한 번역, 전문적인 해설, 풍부한 작가 소개, 친절한 주석을
제공합니다.

燕巖尺牘
연암 척독

박지원(朴趾源) 지음

박상수 옮김

대한민국, 서울, 지만지한국문학, 2024

편집자 일러두기

- 이 책은 한국문집총간 252집 《연암집(燕巖集)》을 원전으로 삼고, 연민문고 소장 연암 박지원 작품 필사본 총서 《연암집》 16권(문예원, 2012)에 의거해 교감했습니다.
- 저본에 오류가 있을 경우, 저본의 내용을 교감해 바로잡고 그 내용을 주석으로 밝혔습니다.
- 저본의 원주(原注)는 작은 글씨로 표시했습니다.
- 작품의 배열 순서는 원전을 따랐습니다.
- 주석과 해설은 독자의 이해를 돕기 위해 옮긴이가 작성한 것입니다.
- 서명과 편명은 《 》과 〈 〉으로 표시했습니다.
- 한글에 한자를 병기할 때 괄호 안의 말과 바깥 말의 독음이 다르면 [ ]를 사용하고, 번역어의 원문을 표시할 때는 ( )를 사용했습니다. 또 괄호가 중복될 때에도 [ ]를 사용했습니다.

차 례

자서(自序) · · · · · · · · · · · · · 3
경지(京之)에게 보내는 답장 · · · · · · · · · · 10
경지에게 보내는 답장[두 번째] · · · · · · · · · · 13
경지에게 보내는 답장[세 번째] · · · · · · · · · · 17
중일(中一)에게 보내는 편지 · · · · · · · · · · 20
중일에게 보내는 편지[두 번째] · · · · · · · · · · 24
중일에게 보내는 편지[세 번째] · · · · · · · · · · 29
창애(蒼厓)에게 보내는 답장 · · · · · · · · · · 30
창애에게 보내는 답장[두 번째] · · · · · · · · · · 35
창애에게 보내는 답장[세 번째] · · · · · · · · · · 38
창애에게 보내는 답장[네 번째] · · · · · · · · · · 39
창애에게 보내는 답장[다섯 번째] · · · · · · · · · · 41
창애에게 보내는 답장[여섯 번째] · · · · · · · · · · 42
창애에게 보내는 답장[일곱 번째] · · · · · · · · · · 45
창애에게 보내는 답장[여덟 번째] · · · · · · · · · · 46
창애에게 보내는 답장[아홉 번째] · · · · · · · · · · 47
설초(雪蕉)에게 보내는 편지 · · · · · · · · · · 48

치규(穉圭)에게 보내는 편지 · · · · · · · · · · · 50
중관(仲觀)에게 보내는 편지 · · · · · · · · · · · 58
어떤 사람에게 보내는 편지 · · · · · · · · · · · 61
중옥(仲玉)에게 답하다 · · · · · · · · · · · · · 67
중옥에게 답하다[두 번째] · · · · · · · · · · · · 68
중옥에게 답하다[세 번째] · · · · · · · · · · · · 71
중옥에게 답하다[네 번째] · · · · · · · · · · · · 75
북쪽 이웃의 과거 급제를 축하하다 · · · · · · · · 77
사강(士剛)에게 보내는 답장 · · · · · · · · · · · 79
영재(泠齋)에게 보내는 답장 · · · · · · · · · · · 80
영재에게 보내는 답장[두 번째] · · · · · · · · · · 84
아무개에게 보내는 답장 · · · · · · · · · · · · · 87
성지(誠之)에게 보내는 편지 · · · · · · · · · · · 91
석치(石癡)에게 보내는 편지 · · · · · · · · · · · 92
석치(石癡)에게 보내는 편지[두 번째] · · · · · · · 94
석치에게 보내는 편지[세 번째] · · · · · · · · · · 96
석치에게 보내는 편지[네 번째] · · · · · · · · · · 98
어떤 사람에게 보내는 편지 · · · · · · · · · · · 100
아무개에게 보내는 편지 · · · · · · · · · · · · 106
아무개에게 보내는 편지[두 번째] · · · · · · · · 108
군수(君受)에게 보내는 답장 · · · · · · · · · · 109

중존(仲存)에게 보내는 편지 · · · · · · · · · · · · · · · 110
경보(敬甫)에게 보내는 편지 · · · · · · · · · · · · · · · 113
경보에게 보내는 편지[두 번째] · · · · · · · · · · · · · 115
원심재(遠心齋)에게 보내는 편지 · · · · · · · · · · · · 117
초책(楚幘)에게 보내는 편지 · · · · · · · · · · · · · · 119
성백(成伯)에게 보내는 편지 · · · · · · · · · · · · · · 120
성백에게 보내는 편지[두 번째] · · · · · · · · · · · · · 122
종형(從兄)에게 올리는 편지 · · · · · · · · · · · · · · 125
종형에게 올리는 편지[두 번째] · · · · · · · · · · · · · 126
대호(大瓠)에게 보내는 답장 · · · · · · · · · · · · · · 128
대호에게 보내는 답장[두 번째] · · · · · · · · · · · · · 130
대호에게 보내는 답장[세 번째] · · · · · · · · · · · · · 131
담헌(湛軒)에게 보내는 답장 · · · · · · · · · · · · · · 134

해설 · · · · · · · · · · · · · · · 137
지은이 연보 · · · · · · · · · · · · · · · 148
옮긴이에 대해 · · · · · · · · · · · · · · · 159

연암 척독

자서(自序)

  60글자 누락 '이렇게 삼가 말씀드립니다(右謹陳)'[1]라는 말을 들어 꾸짖고 있다. 이른바 진실로 '우근진(右謹陳)'이란 말은 저속한 표현이기는 하다. 그러나 세상에 붓을 잡은 사람이 얼마인지는 모르겠지만 그들이 간행한 책을 보면 모두가 맛없는 음식을 가득 펼쳐 놓은 것처럼[2] 장황하게 늘어놓기만 했을 뿐인데, 무엇 때문에 굳이 공문서의 서두에 사용하는 말이나 상투적으로 사용하는 말에 상심

---

1) 이렇게 삼가 말씀드립니다 : 원문은 '우근진(右謹陳)'으로, 관청에 청원해 올리는 문서인 소지(所志)의 서두에 '이렇게 삼가 소지를 올리는 것은(右謹陳所志)', '이렇게 삼가 소지를 올리는 것은(右謹陳所志矣段)'처럼 사용하는 투식어다.

2) 맛없는 음식을 가득 펼쳐 놓은 것처럼 : 원문은 '두정준여(餖飣餕餘)'. '두정(餖飣)'은 음식이 뒤섞여 있는 것처럼 문사(文辭)를 장황하게 늘어놓은 것을 이르는 말이다. '준여(餕餘)'는 먹고 남은 음식을 이르는 말로, 《예기》〈교특생(郊特牲)〉에 "혼례를 치른 다음 날 새벽에 신부가 손을 씻고 음식을 올릴 적에 시부모가 먹기를 마치면 며느리가 나머지를 먹는 것은 사사로이 시부모를 가까이하는 것이다(厥明 婦盥饋 舅姑卒食 婦餕餘 私之也)"라고 했다

하는지 모르겠다. 제전(帝典)3)에서 사용하는 '왈약계고(曰若稽古)'4)나 불경(佛經)의 '여시아문(如是我聞)'5)도 바로 지금의 '우근진'과 같은 투식어일 뿐이다.

특히 봄 숲에서 지저귀는 새소리를 들어 보아도 제각기 다르고 해시(海市)6)에서 보물을 둘러보아도 하나하나

---

3) 제전(帝典) : 《서경(書經)》의 〈요전(堯典)〉이나 〈순전(舜典)〉을 이른다.

4) 왈약계고(曰若稽古) : 《서경》〈요전〉에 "옛날 요임금을 상고하건대 방훈(放勳)이시니, 공경하고 밝고 문채롭고 생각함이 편안하고 편안하시며 진실로 공손하고 능히 겸양하시어 그 빛이 사방에 퍼지고 온 천하에 이르셨다(曰若稽古帝堯 曰放勳 欽明文思 安安 允恭克讓 光被四表 格于上下)"라는 구절이 있고, 〈순전〉에 "옛 제순(帝舜)을 상고해 보건대, '중화(重華)'라고 일컬어지며 그 덕이 제요(帝堯)와 합치했다(曰若稽古帝舜 曰重華 協于帝)"라는 구절이 있다.

5) 여시아문(如是我聞) : '나는 이렇게 들었다'는 뜻의 불교 용어다. 팔리어로는 'evam me suttam', 산스크리트어로는 'evam mayā śrutam'이며, 이를 직역하면 '이렇게 나에게 들렸다'는 의미다. 이는 나의 의지로 들은 것이 아니라, 붓다가 말한 대로 나에게 들린 것을 그대로 전한다는 의미가 포함되어 있다.

6) 해시(海市) : '해시신루(海市蜃樓)'의 준말로, 바다 한가운데 나타나는 화려 성시(城市), 즉 신기루(蜃氣樓) 현상이다. 여기서는 화려한 것을 비유해 이른 말이다. 예전에는 조개가 기를 토해 내 생긴다고 해서 '조개 신(蜃)' 자가 붙었다.

가 모두 새로우며, 연잎 위의 이슬은 절로 둥글고 초나라의 박옥(璞玉)7)은 깎지 않아도 그대로의 아름다움이 있다. 이들 척독가(尺牘家)들은 《논어》를 모방하거나 《시경》에까지 거슬러 올라간다.8) 사령(辭令)으로 말하면 자산(子産)과 숙향(叔向)을 본받고,9) 장고(掌故)로 말하면 《신서(新序)》와 《세설(世說)》을 본받았다.10) 알차고 사리

---

7) 초나라의 박옥(璞玉) : 초나라 사람 변화(卞和)가 형산(荊山)에서 다듬지 않은 박옥(璞玉)을 얻어 왕에게 바쳤는데 여왕(厲王)이 거짓이라고 해서 왼쪽 발을 베고, 무왕(武王)이 즉위한 후 드리니 또 거짓이라고 해서 오른쪽 발을 베었다. 문왕(文王)이 즉위해서 또 올리니 마침내 왕이 옥공을 시켜 쪼개어 아름다운 옥을 얻었다.

8) 《논어》를⋯ 올라간다 : 문답으로 구성된 《논어》와 《시경》을 이르며, 자서(自序)의 후반에 그 예가 실려 있다.

9) 사령(辭令)으로⋯ 본받고 : '사령'은 응대하는 말을 이른다. 《춘추좌씨전》 양공(襄公) 31년 조에 "풍간자(馮簡子)는 대사를 잘 결단했고, 자태숙(子太叔)은 용모가 아름답고 재주가 뛰어나서 문채(文采)가 있었으며, 공손휘(公孫揮)는 사방 나라들의 고사와 습속을 잘 알아서 그 대부들의 족성(族姓)과 조정 반열의 순서와 지위의 귀천과 재능의 유무를 밝게 알고, 또 사령(辭令)을 잘 지었다(公孫揮能知四國之爲 而辨於其大夫之族姓 班位 貴賤 能否 而又善爲辭令)"라는 구절이 있다.

10) 장고(掌故)로⋯ 본받았다 : '장고'는 전고(典故)나 사실(史實)을 이른다. 한나라 유향(劉向)이 지은 《신서(新序)》는 춘추 전국 시대의 고사(故事)를 모은 것이고, 《세설(世說)》은 지금은 전하지 않지만 제목으

에 맞는 것으로는 책문(策文)에 뛰어났던 가 태부(賈太傅)11)나 일을 주관하며 주의(奏議)에 뛰어났던 육선공(陸宣公)12)에 못지않았다.13) 그렇지만 저들이 '고문사(古文辭)'로 한번 불리기만 하면 서(序)와 기(記)만 으뜸으로 여겨, 거짓으로 꾸며 내거나 과장한 표현들을 끌어오면서도, 정작 이러한 소품가(小品家)의 정묘한 작품을 밝은 창

로 보아 세상에 떠도는 이야기를 모은 것으로 추정된다.
11) 가 태부(賈太傅) : 전한 때의 문신으로 문제(文帝)에게 총애를 받다가 장사왕(長沙王)의 태부(太傅)로 좌천된 가의(賈誼, BC 200~BC 168)를 이른다.
12) 육선공(陸宣公) : '선공'은 당나라 덕종(德宗) 때의 문신인 육지(陸贄, 754~805)의 시호다.
13) 알차고… 못지않았다 : 가의(賈誼)가 시국광구책(時局匡救策)인 〈치안책(治安策)〉을 문제에게 올려 잘못된 정치를 격렬히 비판했다. 《한서(漢書)》〈가의전(賈誼傳)〉에 "신은 삼가 생각하건대, 지금의 사세가 통곡할 만한 일이 한 가지요, 눈물을 흘릴 만한 일이 두 가지요, 길이 한숨을 쉴 만한 일이 여섯 가지입니다(臣竊惟事勢 可爲痛哭者一 可爲流涕者二 可爲長太息者六)"라는 구절이 있다. 《구당서(舊唐書)》〈육지열전(陸贄列傳)〉에 육지(陸贄)가 건중(建中) 4년 주차(朱泚)의 난리에 임금을 따라 봉천(奉天)으로 피란해 일을 처리했는데 조서(詔書)를 쓴 것이 매일 수백 통이었으며, 그가 죽고 나서 후인들이 그의 주의(奏議)를 모아 《육선공주의(陸宣公奏議)》를 편찬한 내용이 나온다.

가 깨끗한 책상에서 잠에서 깨어 베개나 괴고 읽을 만한 것이라고 비판했다.

　무릇 공경은 예의 기반 위에 확립되지만 그렇다고 위엄과 공경으로만 대하는 것은 어버이를 섬기는 도리가 아니다. 만약 넓은 소매 넓은 옷을 입고 큰 손님이라도 맞이해 대충 안부나 묻고 나서 다시는 한마디 말도 하지 않는다면, 이는 어버이를 공경하는 기준으로 본다면 공경하는 것이겠지만 예를 안다고는 할 수 없다. 즐거운 낯빛과 부드러운 목소리로 격식에 구애됨이 없이[14] 부모님을 모시는 모습을 어디에서 찾을 수 있단 말인가? 그래서 빙그레 웃으며 "방금 전 한 말은 농담이었다"[15]라고 한 것은 공자

---

14) 격식에 구애됨이 없이 : 《예기》〈단궁 상(檀弓上)〉에 부모를 섬길 때에는 "곁에서 봉양하는데 격식에 구애되지 말아야 한다(左右就養無方)"라는 구절이 있다.

15) 방금 전 한 말은 농담이었다 : 《논어》〈양화(陽貨)〉에 "공자가 무성에 가서 현가(弦歌) 소리를 듣고 빙그레 웃으며 '닭을 잡는 데 어찌 소 잡는 칼을 쓰느냐?'라고 하니, 자유가 '예전에 제가 선생님께 들으니 군자가 도를 배우면 사람을 사랑하고, 소인이 도를 배우면 부리기가 쉽다고 하셨습니다'라고 대답했다. 그러자 공자가 '제자들아, 자유의 말이 옳다. 방금 전 한 말은 농담이다'라고 했다(子之武城 聞弦歌之聲 夫子莞爾而笑曰 割雞焉用牛刀 子游對曰 昔者偃也聞諸夫子曰 君子學道則

의 훌륭한 해학이었고, "아내가 '닭이 울었습니다'라고 하자, 남편은 '아직 어두운 새벽이오'라고 말하네"16)라고 한 것은 시인의 척독일 뿐이다.

우연히 상자 속을 살펴 추운 겨울 날씨에 창문 구멍을 바르려던 와중에 옛날 친구에게 보냈던 편지의 부본(副本)을 찾아내었는데, 모두 50여 건이었다. 어떤 편지에는 글씨가 파리 대가리만큼 작고 어떤 편지는 나비 날개처럼 얇았다. 또 어떤 것은 장독 덮개로 쓰기에 넉넉하고 어떤 것은 농을 바르기에도 부족했다. 이에 한 권으로 베껴 방경각(放瓊閣)17)의 동루(東樓)에 보관한다.

愛人 小人學道則易使也 子曰 二三子 偃之言是也 前言戱之耳)"라는 구절이 있다.

16) 아내가… 말하네 : 《시경》〈정풍(鄭風) 여왈계명(女曰雞鳴)〉에 "'아내가 닭이 울었습니다'라고 하고, 남편은 '아침이 아직 어둡소'라고 하네. 그대는 일어나 밤을 보라 계명성(啓明星)이 찬란할 것이니, 장차 고상(翶翔)해 오리와 기러기를 주살로 잡아올지어다(女曰雞鳴 士曰昧旦 子興視夜 明星有爛 將翶將翔 弋鳧與雁)"라는 구절이 있다.

17) 방경각(放瓊閣) : 연암이 전의감동(典醫監洞)에서 살던 집 건물에 '방경각'이라는 이름과 '영대정(映帶亭)'이라는 이름을 붙였다. 지금 전하는 연암의 문집인 《방경각외전(放璚閣外傳)》도 여기에 살 때 지은 것으로 추정된다.

임진년(1772) 10월 초순에 연암거사(燕巖居士)는 쓰다.

自序

缺六十字 唾以右謹陳 所謂右謹陳 誠[18]俚且穢 獨不知世間 操觚者何限 印板摠是餖飣餕餘 則何傷於公格之頭辭 發語之例套乎 帝典之曰若稽古 佛經之如是我聞 廼今時之右謹陳爾 獨其聽禽春林 聲聲各異 閱寶海市 件件皆新 荷珠自圓 楚璞不劚 則此尺牘家之祖述論語 泝源風雅 其辭令則子產叔向 掌故則新序世說 其核實劌切 不獨長策之賈傅 執事之宣公爾 彼一號古文辭 則但知序記之爲宗 架鑿虛譌 挐挹浮濫 指斥此等 爲小家妙品 明牕淨几 睡餘支枕 夫敬以禮立 而嚴威儼愨 非所以事親也 若復廣張衣袖 如見大賓 略叙寒暄 更無一語 敬則敬矣 知禮則未也 安在其婾色怡聲 左右無方也 故曰莞爾而笑 前言戲耳 夫子之善謔 女曰鷄鳴 士曰昧朝 詩人之尺牘爾 偶閱巾箚 時當寒天 方塗窓眼 舊與知舊書疏 得其副墨賸毫 共五十餘則 或字如蠅頭 或紙如蝶翅 或覆瓿則有餘 或糊籠則不足 於是抄寫一卷 藏弃于放瓊閣之東樓 歲壬辰孟冬上澣 燕岩居士 書

---

18) 성(誠) : 연민문고 소장 연암 박지원 작품 필사본 총서 16권《연암집(燕巖集)》(이하 '《연암집》 총서'로 통일)에는 '성(城)'으로 되어 있지만 문맥으로 보아 '성(誠)'의 오자다.

경지(京之)19)에게 보내는 답장

작별할 때 하신 말씀이 마음에 잊히지 않습니다. 이는 이른바 '그대를 천 리까지 전송해도 끝내는 한 번 헤어지기 마련'20)이니 어찌하겠습니까? 다만 한 가닥 가느다란 아쉬움이 마음에 뒤얽혀 마치 하늘에 환상 속 꽃이 어디선가 왔다가 사라지면서 아름다움을 반복하는 것 같습니다.

지난번 백화암(白華菴)21)에 앉아 있었는데, 암자의 주

---

19) 경지(京之) : 정확히 누구인지는 밝혀지지 않았지만, 이덕무(李德懋)·박제가(朴齊家)·성대중(成大中)·홍원섭(洪元燮) 등과 교유했던 이한진(李漢鎭, 1732~?)으로 추정된다. 그의 자는 중운(仲雲)이고, 호는 경산(京山)이며, 감역(監役)을 지냈다. 전학(篆學)에 뛰어났으며 음악에도 통해 그의 통소는 홍대용(洪大容)의 거문고와 함께 짝했다고 한다.

20) 그대를… 마련 : 원문은 '송군천리종당일별(送君千里終當一別)'. 천 리까지 배웅해도 마침내는 헤어져야 함을 일컫는 말로, 배웅하는 사람에게 멀리 나오지 말라고 부탁하는 말이다. 《수호전》에 "무송(武松)이 송강(宋江)을 만류하며 '형님께서 굳이 멀리까지 전송하실 필요 없습니다. 속담에 그대를 천 리까지 전송해도 마침내 한 번은 이별해야 한다고 했습니다'(武松挽住宋江說道 尊兄不必遠送 常言道 送君千里 終須一別)"라는 구절이 있다.

인인 처화(處華) 스님이 먼 마을에서 바람결에 들려오는 다듬이질 소리를 듣고 그의 비구(比丘)인 영탁(翏托)에게 게(偈)를 전하며, "'탁탁'하는 소리와 '땅땅'하는 소리 중 어느 것이 먼저 들렸느냐?"라고 하자, 영탁이 두 손을 공손히 맞잡고 "어느 하나 먼저랄 것 없이 그 즉시 들렸습니다"라고 했습니다.

어제 그대가 여전히 정자 위에서 난간을 따라 배회하고 있을 때, 저도 다리 어귀에 말을 세우고 있었는데, 아마 서로 1리쯤 떨어져 있었을 것입니다. 우리가 서로를 바라보았던 곳도 바로 '그때'였을지 모르겠습니다.

答京之

別語關關 所謂送君千里 終當一別 柰何柰何 只有一端弱緖 飄裊纏綿 如空裡幻花 來卻無從 去復婀娜[22]耳 頃坐百華菴 菴主處華 聞遠邨風砧 傳偈其比丘[23]翏托曰 捄捄磕磕 落得

---

21) 백화암(白華菴) : 내금강에 있는 사찰인 마하연(摩訶衍)에 딸린 암자다. 1765년 연암이 유언호(兪彦鎬) 등과 금강산 일대를 유람하다가 이곳에서 승려 준 대사(俊大師)를 만났다.

22) 나(娜): 저본에는 '나(娜)'로 되어 있으나, 《연암집》 총서에 의거해 '나(娜)'로 바로잡았다.

誰先 托拱手曰 不先不後 聽是那際 昨日足下 猶於亭上 循欄徘徊 僕亦立馬橋頭 其間相去 已爲里許 不知兩相望處 還是那際

---

23) 구(丘) : 저본에는 '북(北)'으로 되어 있으나, 《연암집》 총서에 의거해 '구(丘)'로 바로잡았다.

경지에게 보내는 답장[두 번째]

    정밀하고 부지런히 글 읽을 사람으로 포희씨(庖犧氏)24)와 비교할 사람이 누구이겠습니까? 그의 정신과 태도는 우주에까지 펼쳐져 있고 만물에 흩어져 있지만, 이는 다만 문자나 글로 표현되지 않는 문장입니다.

    후세에 부지런히 글을 읽는 사람들은 거친 마음과 얕은 식견으로 바싹 마른 먹과 낡은 종이 사이에서 시력을 다해25) 그 속에 있는 좀의 오줌이나 쥐똥을 찾아 모으고

---

24) 포희씨(庖犧氏) : '복희씨(伏羲氏)'라고도 하며, 《주역》의 근간이 되는 팔괘(八卦)를 처음 만들었다고 한다. 《주역》〈계사전 하(繫辭傳下)〉에 "옛날 포희씨가 천하에 왕 노릇 할 때에 위로는 하늘에서 상을 관찰하고 아래로는 땅에서 법을 관찰하며, 새와 짐승의 문과 천지의 마땅함을 관찰하며, 가까이는 자신에게서 상을 취하고 멀리는 사물에게서 취했다. 이에 비로소 팔괘를 만들어 신명의 덕을 통하고 만물의 정을 분류했다(古者 包犧氏之王天下也 仰則觀象於天 俯則觀法於地 觀鳥獸之文與地之宜 近取諸身 遠取諸物 於是 始作八卦 以通神明之德 以類萬物之情)"라는 구절이 있다.

25) 시력을 다해 : 원문은 '호목(蒿目)'. 《장자》〈변무(駢拇)〉에 "지금 세상의 어진 사람은 시력이 미치는 데까지 바라보며 어지러운 시국을 걱정한다(今世之仁人 蒿目而憂世之患)"라고 한 데서 온 말이다.

있으니, 이는 이른바 '술을 마시면서 도리어 취해 죽을 것 같다'라고 하는 것이나 마찬가지이니, 어떻게 애처롭지 않겠습니까?

저 허공을 날며 우는 새는 얼마나 생기발랄합니까? 그런데 적막하게 '조(鳥)'라는 한 글자로 사물을 뭉뚱그려 표현한다면 본래의 색깔도 사라져 버리고 모양이나 소리도 흩어져 버리고 맙니다. 이는 모임에 가는 시골 늙은이의 지팡이 끝에 새겨진 비둘기[26]나 무엇이 다르겠습니까?

상투적으로 사용하던 말이 싫어서 부드럽고 청아한 소리가 나는 글자로 변화를 주려고 '금(禽)' 자로 바꾸는 경우도 더러 있기도 하지만, 이런 짓은 글을 읽고 문장을 짓

---

26) 지팡이 끝에 새겨진 비둘기 : 지팡이 손잡이를 비둘기 모양으로 장식한 '구장(鳩杖)'을 이른다. 옛날에 제왕(帝王)들이 공훈(功勳)이 있는 늙은 신하들에게 이 지팡이를 하사했다. 《예문유취(藝文類聚)》〈조부(鳥部) 구(鳩)〉에 《풍속통(風俗通)》의 말을 인용해 "한고조(漢高祖)가 항우(項羽)와 싸우다가 패해 숲속에 숨었는데 항우가 추격해 왔다. 그때 비둘기가 그 숲 위에서 우니, 추격하던 자들이 사람이 없다고 여기고는 그냥 지나갔다. 그리하여 그 위기를 벗어날 수가 있었다. 한고조가 즉위한 뒤에 그 새를 기특하게 여겨 구장을 만들어서 노인들에게 하사했다(高祖與項羽戰 敗于京索 遁叢薄中 羽追求之 時鳩正鳴其上 追者以鳥在 無人 遂得脫 後及卽位 異此鳥 故作鳩杖以賜老者)"라는 구절이 있다.

는 사람들의 병폐입니다.

　아침에 일어나니 푸른 나무 그늘이 우거진 뜰에 철 따라 우는 새가 재잘대고 이어, 부채를 들어 책상을 두드리며 마구 소리 질러, "이것이 바로 내가 생각하는 '날아가고 날아오는' 글자이고, '서로 울고 화답하는' 글이다. 다섯 가지 다양한 색깔27)의 문장이라고 한다면 문장 중에 이보다 뛰어난 것이 없다. 오늘 나는 제대로 글을 읽었다"라고 했습니다.

答京之[之二]

讀書精勤 孰與庖犧 其神精意態 佈羅六合 散在萬物 是特不字不書之文耳 後世號勤讀書者 以麁心淺識 蒿目於枯墨爛楮之間 討掇其蟫溺鼠浡 是所謂哺糟醨而醉欲死 豈不哀哉 彼空裡飛鳴 何等生意 而寂寞以一鳥字 抹撥沒郤彩色

---

27) 다섯 가지 다양한 색깔:《서경》〈익직(益稷)〉의 "오채로 오색의 비단에 드러내어 옷을 만들려고 하면 네가 밝혀라(以五采 彰施于五色作服 汝明)"라는 구절에 대한 채침(蔡沈)의 주에 "채(采)는 청황적백흑이고, 색(色)은 비단에 베푼 것을 말한다. 윗옷에 그리고 치마에 수놓음은 모두 오채를 섞어 채색해 오색을 만드는 것이다(采者靑黃赤白黑也 色者言施之於繪帛也 繪於衣繡於裳 皆雜施五采 以爲五色也)"라고 했다.

遺落容聲 奚异乎赴社邨翁 杖頭之物耶 或復嫌其道常 思變輕淸 換箇禽字 此讀書作文者之過也 朝起綠樹蔭庭 時鳥鳴嚶 擧扇拍案 胡叫曰 是吾飛去飛來之字 相鳴相和之書 五采之謂文章 則文章莫過於此 今日僕讀書矣

경지에게 보내는 답장[세 번째]

 그대가 태사공(太史公)[28]의 《사기(史記)》를 읽었지만 글만 읽었지 사마천(司馬遷)의 마음을 읽은 적이 없습니다. 왜냐하면 〈항우본기(項羽本紀)〉를 읽고 성벽 위에서 전투를 바라보던 장면[29]이나 상상하고, 〈자객열전(刺客列傳)〉을 읽고 고점리(高漸離)가 축(筑)을 치던 장면[30]이

---

28) 태사공(太史公) : 《사기》를 지은 사마천(司馬遷, BC 145?~BC 86?)을 이른다. 그가 한 무제(漢武帝) 때 태사령(太史令)으로 천문과 역법을 관장한 데서 이르는 말이다. 그가 지은 《사기》는 중국의 가장 오랜 시대의 장대한 역사 기록으로 평가받고 있다.

29) 성벽 위에서 전투를 바라보던 장면 : 《사기》〈항우본기〉에 "제후가 군대를 이끌고 거록을 구하기 위해 내려온 자들이 10여 보루(堡壘)나 있었지만 감히 군대를 풀어 출전하지 못하다가, 급기야 초나라 군대가 진나라를 공격하자 제장이 모두 성벽 위에서 구경했다(諸侯軍救鉅鹿下者 十餘壁 莫敢縱兵 及楚擊秦 諸將皆從壁上觀)"라는 구절이 있다.

30) 고점리(高漸離)가 축(筑)을 치던 장면 : 《사기》〈자객열전〉에 전국시대 자객 형가(荊軻)가 연나라 태자 단(丹)의 요청을 받고 진왕(秦王)을 죽이려고 떠날 적에 역수 가에서 축을 연주하는 고점리의 반주에 맞추어 "바람은 쓸쓸하고 역수는 차가운데 한번 떠난 장사 다시 오지 않으리(風蕭蕭兮易水寒 壯士一去兮不復還)"라고 비장한 노래를 부르고

나 상상하니 말입니다. 이런 것들은 늙은 서생들의 케케묵고 진부한 이야기이니, '살강 밑에서 숟가락을 줍는 것'31)과 무엇이 다르겠습니까?

어린아이들이 나비를 잡는 것을 보면 사마천의 마음을 알 수 있습니다. 앞다리를 반쯤 꿇고, 뒷다리는 비스듬히 뒤꿈치를 들고 집게손을 한 채 손을 뻗어 잡을지 말지 망설이고 있으면 나비는 날아가 버리고 맙니다. 사방을 둘러보아도 아무도 없어 어이없이 웃다가 얼굴을 붉히기도 하고 성을 내기도 합니다. 이것이 바로 사마천이 《사기》를 지을 때의 마음입니다.

答京之[之三]

足下讀太史公 讀其書 未嘗讀其心耳 何也 讀項羽思壁上觀戰 讀刺客 思漸離擊筑 此老生陳談 亦何異於廚下拾匙 見

작별한 구절이 있다.

31) 살강 밑에서 숟가락을 줍는 것 : '살강'은 '부엌의 벽 중간에 가로로 걸어 그릇 따위를 올려놓게 한 선반'을 이르는 말로, 주운 물건의 임자가 분명해서 얻은 보람이 없음을 이르는 속담이다. 《성호전서(星湖全書)》〈백언해(百諺解)〉에 "살강 밑에서 숟가락을 주운 것이니 자랑하지 마라(廚㡰之下 拾匙休誇)"라는 구절이 있다.

小兒捕蝶 可以得馬遷之心矣 前股半跪 後脚斜翹 丫指以前手 猶然疑蝶則去矣 四顧無人 哦然而笑 將羞將怒 此馬遷著書時也

중일(中一)[32]에게 보내는 편지

　힘으로 남을 구제하는 것을 '협(俠)'이라 하고, 재물로 남에게 은혜를 베푸는 것을 '고(顧)'라 합니다. '고(顧)'한 행동을 해도 명사(名士)가 되고, '협(俠)'한 행동을 해도 이름이 드러나 후세에 전해집니다. 이러한 '협'과 '고'를 모두 갖춘 것을 '의(義)'라고 하니, 만약 그런 사람이 있다면 어찌 진실로 대장부가 아니겠습니까?

　무릇 '예(禮)'는 제멋대로 행동하는 것을 막고, '의(義)'는 제멋대로 결단하지 않게 하는 것입니다. 그렇지만 중요한 의에 따라 선(善)을 행할 경우, 비록 독단적이고 멋대로 일을 처리한다고 하더라도 아들이 부모에게 여쭙지 못하는 경우가 있을 수도 있고, 어진 부모가 아들을 막지 못하는 경우가 있을 수도 있습니다.

　옛날 한나라 급암(汲黯)이 황제의 조서를 사칭하고 창고의 곡식을 풀어 하남(河南)의 굶주린 백성을 구제했고,[33] 송나라 범요부(范堯夫)는 보리 싣고 가던 배를 석만

---

32) 중일(中一) : 누구인지 자세하지 않다.

경(石曼卿)에게 넘겨준 일34)이 있었습니다. 대개 황제의 조서를 사칭한 행위는 사형에 해당하고, 아버지 몰래 남에게 베푼 것은 예가 아닙니다.

임금과 아비는 지극히 존엄하지만 의(義)에 이르러 서둘러 시행해야 할 때는 부월(鈇鉞)35)의 처벌도 회피하지 않았고, 자신은 독단적으로 행했다는 죄를 범했던 것입니다. 그런데도 무제(武帝)는 명철한 군주라는 명성을 잃지 않았고 범문정(范文正)36)은 어진 아비가 되었으며, 장유(長孺)37)는 곧은 신하가 되는 데 지장이 없었고 요부(堯

---

33) 한(漢)나라… 구제했고 : 《사기》〈급암열전(汲黯列傳)〉에 '급암이 하내(河內)에 어사(御史)로 갔을 때, 형편상 임의로 창고의 곡식을 내어 빈민을 진휼한 뒤에 조정의 명을 빙자해 일을 처리한 데 대한 벌을 받을 것을 청하니, 무제(武帝)가 용서했다'는 구절이 있다.

34) 송(宋)나라… 일 : 《냉재야화(冷齋夜話)》에 '송나라 때 범중엄(范仲淹)이 아들 범순인(范純仁)을 고소(姑蘇)로 보내 보리 500곡(斛)을 배로 실어 오게 했는데, 범순인이 도중에 장례 비용이 없어 곤경에 처한 아버지의 벗 석만경을 만나 보리 실은 배를 주고 오자 범중엄이 흡족하게 여겼다'는 구절이 있다.

35) 부월(鈇鉞) : 형구(刑具)의 일종인 작두와 큰 도끼를 이르는 말로, 형벌을 두루 이른다.

36) 범문정(范文正) : '문정'은 송나라 명신 범중엄(范仲淹, 989~1052)의 시호다.

夫)38)는 좋은 아들이 되었습니다. 지금 준(俊)39)은 부모님의 상을 당했습니다. 친구가 이처럼 자리를 따로 하고40) 밥도 배불리 먹지 못할 때이니, 다만 하남(河南)의 굶주림과 석만경의 다급했던 상황과는 비교할 수도 없습니다. 그러니 그대가 포복해 구제해 준다면,41) 이는 창고 곡식을 풀고 배에 실은 보리를 주는 행동만큼이나 제멋대로인 것은 아닐 것입니다.

---

37) 장유(長孺) : 한(漢)나라 급암(汲黯)의 자다.

38) 요부(堯夫) : 북송 때 명신인 범순인(范純仁, 1027~1101)의 자로, 범중엄(范仲淹)의 아들이다.

39) 준(俊) : 두 번째 편지에 나오는 '사준(士俊)'을 이른다.

40) 자리를 따로 하고 : 《예기》〈곡례 상(曲禮上)〉의 "근심이 있는 자는 자리를 옆으로 하고 앉는다(有憂者 側席而坐)"라는 구절에 대한 정현(鄭玄)의 주(注)에 "측(側)은 '특(特)'과 같으니, 근심이 있는 자는 딴 사람을 접견하는 데 있지 않아서 딴 사람을 마주하는 자리를 마련해 놓지 않는 것이다(側猶特也 憂不在接人 不布他面席)"라는 구절이 있다.

41) 포복해 구제해 준다면 : 《시경》〈곡풍(谷風)〉에 "모든 사람이 상사가 있을 적에는 포복해 달려가 구원했노라(凡民有喪 匍匐救之)"라고 했고, 《예기》〈공자한거(孔子閒居)〉에 "모든 사람이 초상이 있을 때, 포복해 달려가 구원하는 것은 상복 입을 사람이 없는 초상인 것이다(凡民有喪 匍匐救之 無服之喪也)"라는 구절이 있다.

與中一

以力救人曰俠 以財惠人曰顧 顧爲名士 俠猶著傳 兼俠與顧曰義 若有其人 豈不誠大丈夫哉 夫禮防專行 義無擅斷 然而至於急義而行善 雖擅且專 肯子有所不稟 而賢父有所不禁也 昔漢汲黯矯制發倉 以振河南 范堯夫麥舟付曼卿 夫[42] 矯制 死罪也 私與 非禮也 君父至尊嚴 至於義有所急 則不避鈇鉞之誅 身犯專行之罪 然而武帝不失爲明主 而文正爲賢父 長孺不害爲直臣 而堯夫爲宜子也 今俊也袒括 親友側席 當食不飽之時也 非特河南之饑而曼卿之急也 足下匍匐而救之 非如發倉與付舟之爲恣也

42) 부(夫) : 저본에는 이 뒤에 '이(以)' 자가 있으나, 《연암집》 총서에 의거해 삭제했다.

중일에게 보내는 편지[두 번째]

　그대가 사준(士俊)[43]에게 백금(百金)[44]을 주면서 장사를 하라 했다는데, 어찌 그리 적게 주었습니까? 장차 사준은 빈손으로 돌아올 것이니, 그때 가서 그대는 나에게 말해 주지 않았다고 저를 탓하지 마십시오.
　무릇 한 집 살림을 제대로 다스릴 줄 아는 것과 천하의 정사를 펴는 것이 무엇이 다르겠습니까? 탕왕(湯王)의 땅은 사방 70리였고, 문왕(文王)의 땅은 100리였습니다. 맹자는 이를 구실 삼아 걸핏하면 은(殷)나라와 주(周)나라의 예를 끌어다가 당시의 임금들에게 유세했습니다.[45] 그

---

43) 사준(士俊) : 홍양후(洪良厚)의 아들인 홍춘유(洪春裕, 1852~?)의 자다.

44) 백금(百金) : 많은 돈을 이르는 말이다. 《춘추공양전》 은공(隱公) 5년 조의 "백금의 가치가 있는 물고기를 공이 그물로 잡았다(百金之魚 公張之)"에 대한 하휴(何休)의 주(注)에 "백금은 백만과 같다. 옛날 1근 무게의 금이 오늘날 1만 전에 해당한다(百金 猶百萬也 古者以金重一斤 若今萬錢矣)"라는 구절이 있다.

45) 탕왕(湯王)의… 유세했습니다 : 《맹자》 〈공손추 상(公孫丑上)〉에 "왕자(王者)는 대국(大國)을 필요로 하지 않는다. 탕 임금은 70리의 땅

런데 등(滕)나라의 경우 '임금의 신임을 얻어 도를 행할 수 있었다'라고 할 만했습니다. 등나라 문공(文公) 같은 천하의 어진 임금이 군주가 되고, 허행(許行)과 진상(陳相)46) 같은 당시의 호걸이 백성으로 있었지만, 등나라를 떠난 것은 무엇 때문이겠습니까? 상황이 불가능했기 때문입니다.

제나라와 위나라의 임금은 매우 불초하지만, 그래도 자꾸만 뒤돌아보고 방황하며 차마 떠나지 못했던 것은 무

으로 왕자가 되었고 문왕은 100리의 땅으로 왕자가 되었다(王不待大 湯以七十里 文王以百里)"라는 구절이 있다.

46) 허행(許行)과 진상(陳相) : '허행'은 신농씨(神農氏)의 도를 숭상하는 농가자류(農家者流)에 속하는 자이고, '진상'은 유학자로 당대에 명성을 떨친 초나라 출신 진량(陳良)을 일찍이 스승으로 섬겨 배우다가, 등(滕)나라에서 허행을 보고 크게 기뻐해 하루아침에 자기 스승의 도를 배반하고 허행의 제자가 되어 이단의 도를 배운 자다. 《맹자》〈등 문공 상(滕文公上)〉에 맹자가 진상을 비난해 꾸짖기를 "나는 중화의 법을 써서 오랑캐의 도를 변화시켰다는 말은 들었지만, 오랑캐에게 변화당했다는 말은 듣지 못했다. 진량은 초나라 태생인데, 주공과 중니의 도를 좋아해 북쪽으로 중국에 가서 공부하거늘 북방의 학자들이 혹시라도 그보다 앞선 자가 없었으니, 그는 이른바 호걸스런 선비. 그대 형제가 수십 년 동안 그를 섬기다가 스승이 죽자 마침내 배반하는구나 (吾聞用夏變夷者 未聞變於夷者也 陳良楚産也 悅周公仲尼之道 北學於中國 北方之學者 未能或之先也 彼所謂豪傑之士也 子之兄弟事之數十年 師死而遂倍之)"라고 한 구절이 있다.

엇 때문이겠습니까? 그 땅이 넓고 사람들은 많으며 무기가 날카롭고 모든 물자가 풍부하니, 이러한 상황을 잘만 이용한다면 공을 세우기는 쉽기 때문입니다. 그러므로 맹자가 "제나라를 가지고 왕도 정치를 하는 것은 손바닥을 뒤집는 것처럼 쉽다"[47]라고 하고, 등나라에 대해서는 "긴 곳을 잘라 짧은 곳에 보태면 거의 50리쯤 되는 작은 나라지만 그래도 좋은 나라를 만들 수 있습니다"[48]라고 했던 것입니다. 스승의 도[49]는 제나라를 훨씬 높이 여기고 등

---

[47] 제나라를… 쉽다 : 《맹자》〈공손추 상〉에 공손추가 관중(管仲)과 안영(晏嬰)이 이룬 공업을 예로 들며, 맹자에게 그들을 본받아 제 선왕을 패자(覇者)로 만들어 주길 권했다. 이에 맹자는 "제나라를 가지고 왕도 정치를 하는 것은 손바닥을 뒤집는 것처럼 쉽다(以齊王由反手也)"라고 한 구절이 있다.

[48] 긴… 있습니다 : 《맹자》〈등 문공 상〉에 세자이던 등나라 문공을 만난 맹자가 그에게 "지금의 등나라는 나라의 긴 곳을 잘라 짧은 곳에 보태면 거의 50리쯤 되는 작은 나라입니다만 그래도 좋은 나라가 될 수 있습니다(今滕 絶長補短 將五十里也 猶可以爲善國)"라고 한 구절이 있다.

[49] 스승의 도 : 《맹자》〈등 문공 상〉에 맹자가 나라 다스리는 법을 묻는 등 문공에게 정전법(井田法)과 학교 제도를 시행하는 등 선정(善政)을 베풀면 "왕자가 나오면 반드시 와서 그 법을 본받을 터이니, 이는 왕자의 스승이 되는 것입니다(有王者起 必來取法 是爲王者師也)"라고

나라를 낮게 여기는 것이 아니지만 때에 따라 맹자가 포부를 펼치기도 하고 물러나기도 하는 차이를 보인 것은 대국과 소국의 상황이 다르기 때문이고, 등나라 땅이 은나라나 주나라보다 더 작지 않은데도 맹자의 말과 행동이 서로 일치하지 않은 것은 고금의 시대적 차이가 있기 때문입니다.

與中一[之二]

足下予士俊百金而爲販 何其少予也 將見士俊空手而歸 其時足下勿答僕不言也 夫能治一家之產者 與爲政於天下何異哉 湯之地方七十里 文王百里興 孟子以爲口實 動引殷周以說時君 至於滕 可謂得君而道可行矣 文公天下之賢君也而作之主 許行 陳相50) 當時之豪傑也而爲之民 猶去之者何 勢不可也 齊魏之君 至不肖 猶眷顧徊徨 不忍去者 何也 以其土地之廣也 人民之衆也 兵甲之利也 貨賂之厚也 因其勢則易爲功爾 故其言曰 以齊王猶反手也 於滕則曰 截長補短 將五十里 可以爲大51)國 師道非加尊於齊 而有貶於滕也 時

한 구절이 있다.

50) 상(相) : 저본에는 '상(常)'으로 되어 있으나, 《연암집》 총서에 의거해 '상(相)'으로 바로잡았다.

51) 대(大) : 저본에는 '대(大)'로 되어 있으나, 《맹자》〈등 문공 상〉에는

有屈伸者 大小之勢異也 滕之地非加小於殷周之國也 言實
相戾者 古今之時異也

'선(善)'으로 되어 있다.

중일에게 보내는 편지[세 번째]

    어린아이들 노래에 "도끼를 휘둘러 허공을 치는 것보다 차라리 바늘로 눈동자를 겨누는 것이 낫다"라고 했고, 또 속담에 "정승과 사귀지 말고 차라리 네 몸가짐을 신중히 하라"라고 했으니, 그대는 아무쪼록 잊지 마십시오. 차라리 약한 것이 낫지 용감해 꺾여서는 안 되는데, 더군다나 외세의 믿을 수 없는 것에는 어떠하겠습니까?

與中一[之三]

孺子謠曰 揮斧擊空 不如持鍼擬瞳 且里諺有之 无交三公 淑愼爾躬 足下其志之 寧爲弱 固不可勇脆 而況外勢之不可恃者乎

창애(蒼厓)52)에게 보내는 답장

 보내신 문편(文編)53)을, 양치질하고 손을 씻고서 무릎을 꿇고 공경히 읽고 나서 다음과 같이 말씀드립니다.
 그대의 문장은 매우 기이합니다. 사물의 이름을 빌려 온 것이 많고 인용한 근거가 부적절합니다. 바로 이 점이 옥에 티라 할 만하니 노형을 위해 말씀드리는 것입니다. 문장을 짓는 데도 법도가 있으니, 마치 송사하는 자가 증거를 가지고 있고 장사꾼이 값을 외치며 물건을 파는 것이나 마찬가지입니다. 아무리 사리가 분명하고 바르다고 하더라도, 만약 다른 증거가 없으면 어떻게 재판에서 이길 수가 있겠습니까? 그러니 문장을 짓는 사람은 경전을

---

52) 창애(蒼厓) : 유한준(兪漢雋, 1732~1811)의 호다. 당대의 문장가로 이름이 높았으며, 젊은 시절 연암과 가깝게 지냈으나 이후 《열하일기(熱河日記)》를 비방하고, 산송(山訟)을 벌이는 등 사이가 극히 나빠졌다. 연암이 선친 박사유(朴師愈)를 포천으로 이장했는데, 창애는 그곳이 자기 선조 묘의 정자 터라며 묘를 파헤쳐 관을 들어내고, 15세로 요절한 손자의 관을 이미 그곳에 있던 연암의 조부 묘 뒤에 옮겨 놓았다. 이 일로 인해 연암은 그와의 시비를 피해 양주로 묫자리를 옮겼다.
53) 문편(文編) : 책으로 편찬한 글을 이른다.

다방면으로 인용해 자기의 의사를 분명히 밝히는 것입니다. 《대학》은 성인이 짓고 현인이 계술(繼述)했으니,54) 이보다 더 미더운 것이 없습니다. 그런데도 《서경》〈강고(康誥)〉에서 '극명덕(克明德)'55)을 인용하고, 또 제전(帝典)56)에서 '극명준덕(克明峻德)'을 인용해 '명명덕(明明德)'57)의 뜻을 밝히고 있습니다.

54) 성인이 짓고 현인이 계술(繼述)했으니 : '경(經)'은 공자의 말을 증자(曾子)가 조술하고, '전(傳)'은 증자의 뜻을 그의 문인들이 기록했다. 한유(韓愈)의 〈답은시어서(答殷侍御書)〉에 "사람들이 하안(何晏)의 해설 이외에 다른 글은 아예 보지 않는가 하면, 성경현전(聖經賢傳)을 방치한 채 살피지 않기 때문에, 중요한 의미를 어디에서 찾아볼 길이 없다(何氏註外不見他書 聖經賢傳屛而不省 要妙之義無自而尋)"라고 한 구절처럼, 성인이 지은 경(經)과 현인이 지은 전(傳)이란 뜻의 '성경현전(聖經賢傳)'이란 말이 생겼다.

55) 극명덕(克明德) : 《서경》〈강고(康誥)〉에 "너의 크게 드러나신 아버지 문왕(文王)께서 능히 덕(德)을 밝히고 형벌을 삼가셨다(惟乃丕顯考文王 克明德愼罰)"라는 구절이 있다.

56) 제전(帝典) : 《서경》〈요전(堯典)〉에 "큰 덕을 밝히시어 구족을 친하게 하셨다. 구족이 이미 화목하거늘 백성을 고루 밝히셨다(克明峻德 以親九族 九族旣睦)"라는 구절이 있다.

57) 명명덕(明明德) : 《대학》에 "대학의 도는 명덕을 밝히는 데 있으며 백성을 새롭게 하는 데 있으며 지선에 그치는 데 있다(大學之道 在明明德 在親民 在止於至善)"라는 구절이 있다.

관직의 명칭이나 지명은 남의 것을 빌려 써서는 안 됩니다. 나무를 지고 다니면서 도리어 소금을 사라고 외친다면 종일 돌아다녀도 땔나무 하나 팔지 못할 것입니다. 가령 황제가 사는 곳이나 제왕의 도읍지를 한결같이 '장안(長安)'이라고 하고 대대로 삼공(三公)을 한결같이 '승상(丞相)'이라 부른다면, 명칭과 실상이 뒤섞여 도리어 저속하고 난잡한 글이 되고 말 것입니다. 이는 곧 좌중을 놀라게 했던 가짜 진 공(陳公)[58]이나 찡그린 얼굴을 흉내 낸 가짜 서시(西施)[59]와 같은 경우입니다. 그러니 문장을 짓

---

58) 좌중을 놀라게 했던 가짜 진 공(陳公) : 명성이 높은 사람이라고 오해해 좌중을 놀라게 하는 것을 비유해 이르는 말이다. 한나라 때 진준(陳遵)은 자가 맹공(孟公)으로 명성이 매우 높았다. 당시 열후(列侯) 가운데 또 다른 진맹공이 있었는데, 진맹공이 어느 집을 방문한다고 하면 그 집에 모인 손님들은 진짜 진준이 오는 줄로 알고 놀랐다가 다른 사람인 것을 알고 실망했으므로 그 사람을 '진경좌(陳驚座)'라고 불렀다고 한다. 《한서》〈진준전(陳遵傳)〉 참조.

59) 찡그린 얼굴을 흉내 낸 가짜 서시(西施) : 보잘것없는 자질을 아름답게 꾸며 장식하는 것을 이른다. 《진서(晉書)》〈주의열전(周顗列傳)〉에 진(晉)나라 유량(庾亮)이 주의(周顗)에게 "사람들이 모두 그대를 악광(樂廣)에 견주고 있다(諸人咸以君方樂廣)"라고 하니, 주의가 "어떻게 무염을 화장시켜서 서시의 앞에 내세운단 말인가(何乃刻畫無鹽 唐突西施也)"라고 답변한 고사가 있다. 《장자》〈천운(天運)〉에 "월(越)나

는 사람은 난잡해도 명칭을 꺼리지 말고 저속해도 자취를 숨기지 말아야 합니다. 《맹자》〈진심 하(盡心下)〉에 "성은 다 함께 쓰는 것이지만 이름은 자기 혼자 쓰는 것이기 때문이다"[60]라고 했으니, 또한 오직 글자는 다 함께 쓰는 것이지만 문장은 자기 혼자 쓰기 때문이라고 말하는 것입니다.

答蒼厓

寄示文編 漱口洗手 莊讀以跪曰 文章儘奇矣 然名物多借引據未襯 是爲圭瑕 請爲老兄復之也 文章有道 如訟者之有證 如販夫之唱貨 雖辭理明直 若無他證 何以取勝 故爲文者 雜引經傳 以明己意 聖作而賢述 信莫信焉 其猶曰康誥曰明明德 其猶曰帝典曰克明峻德 官號地名 不可相借 擔柴而唱鹽 雖終日行道 不販一薪 苟使皇居帝都 皆稱長安 歷

라의 미인 서시가 가슴이 아파서 얼굴을 찡그리자 그 마을의 추녀가 이를 보고 아름답게 여겨 자기도 가슴을 쓰다듬으면서 얼굴을 찡그렸다. 그러자 이를 본 마을 사람들이 문을 닫고 나오지 않는가 하면 처자를 데리고 그 곁을 떠났다"라는 구절이 있다.

60) 성은… 때문이다 : 《맹자》〈진심 하(盡心下)〉에 "이름은 부르는 것을 피하고 성은 피하지 않는 것과 같으니, 성은 다 함께 쓰는 것이지만 이름은 자기 혼자 쓰는 것이기 때문이네(諱名不諱姓 姓所同也 名所獨也)"라는 구절이 있다.

代三公 盡號丞相 名實混淆 還爲俚穢 是卽驚座之陳公 效顰之西施 故爲文者 穢不諱名 俚不沒迹 孟子曰 姓所同也 名所獨也 亦唯曰字所同 而文所獨也

창애에게 보내는 답장[두 번째]

 본래의 분수대로 돌아가는 것이 어찌 문장만 그러하겠습니까? 일체의 모든 일이 다 그러합니다. 화담(花潭)61)이 외출했다가 집을 잃고 길에서 우는 사람을 만나 "너는 왜 우느냐?"라고 하자, "저는 다섯 살에 시력을 잃어 앞을 보지 못한 지 지금 20년이 되었습니다. 아침에 밖으로 나왔는데 갑자기 세상 만물이 환하게 보였습니다. 그래서 기뻐 집으로 돌아가려는데, 밭둑길은 수없이 나누어지고 집집마다 대문들이 똑같아 저의 집을 구분할 수가 없어 울고 있었습니다"라고 했습니다. 그러자 선생이 "내가 너에게 집으로 돌아갈 방법을 가르쳐 주마. 네 눈을 도로 감으면 집으로 돌아갈 수 있을 것이다"라고 했습니다. 이에 소경이 눈을 감고 지팡이로 길을 더듬으며 마음 내키는 대로 걷자 곧바로 집에 도착했습니다.

---

61) 화담(華潭) : 서경덕(徐敬德, 1489~1546)의 호다. 자는 가구(可久)이고, 시호는 문강(文康)이다. 부모의 간청으로 31세에 현량과(賢良科)에 천거받았으나 뜻을 두지 않았으며, 43세에 겨우 소과에 급제했으나 과거에 뜻이 없었다. 저서로 《화담집(花潭集)》이 있다.

이는 다름이 아니라 색상(色相)[62]이 뒤바뀌어 희비의 감정이 그에 따라 작용했기 때문입니다. 이것을 '망상'이라 하는 것입니다. 지팡이로 길을 더듬으며 마음이 내키는 대로 걸어가는 것이 바로 우리의 분수를 지키는 전제(詮諦)[63]이고, 자기 집으로 돌아가는 증인(證印)[64]이 되는 것입니다.

答蒼厓[之二]

還他本分 豈惟文章 一切種種萬事摠然 花潭出 遇失家而泣於塗者曰 爾奚泣 對曰 我五歲而瞽 今二十年矣 朝日出往 忽見天地萬物淸明 喜而欲歸 阡陌多歧 門戶相同 不辨我家 是以泣耳 先生曰 我誨若歸 還閉汝眼 卽便爾家 於是 閉眼 扣相 信步卽到 此無他 色相顚倒 悲喜爲用 是爲妄想 扣相

---

62) 색상(色相) : 만물의 형상을 이르는 말이다. 《열반경(涅槃經)》〈덕왕품(德王品)〉에 "보살은 동일한 형상으로 나타나지만 일체중생은 제각기 모두 갖가지 형상을 본다(示現一色 一切衆生各各 皆見種種色相)"라는 구절이 있다.
63) 전제(詮諦) : 불교 용어로, 참된 뜻이나 도리를 두루 이르는 말이다. '진칙(眞則)'이라고도 한다.
64) 증인(證印) : 불교 용어로, 바른 지혜로 진리를 깨달은 것을 인정함을 이르는 말이다.

信步 乃爲吾輩守分之詮諦 歸家之證印

창애에게 보내는 답장[세 번째]

   마을 아이들에게 《천자문》을 가르쳐 주다가 읽기 싫다는 아이를 꾸짖자, 아이가 "하늘을 쳐다보니 푸르기만 한데 '천(天)' 자는 왜 푸르지 않습니까? 그래서 읽고 싶지 않습니다"라고 했습니다. 이 아이의 총명이 창힐(蒼頡)[65]을 두렵게 하기에 충분합니다.

答蒼厓[之三]

里中孺子爲授千字文 呵其厭讀 曰視天蒼蒼 天字不碧 是以厭耳 此兒聰明 餒煞蒼頡

---

[65] 창힐(蒼頡) : 중국 고대의 전설적 제왕인 황제(黃帝)의 사관(史官)을 지냈고, 새와 짐승의 발자국을 보고 최초로 문자를 창제했다고 알려진 인물이다. 그가 만든 문자를 '과두문자(蝌蚪文字)'라고 한다.

창애에게 보내는 답장[네 번째]

　어제 당신의 아드님[66]이 찾아와서 글 짓는 방법을 묻기에 "예(禮)가 아니면 보지 말고, 예가 아니면 듣지 말고, 예가 아니면 움직이지 말고, 예가 아니면 말하지 말아야 한다"[67]라고 말해 주었습니다. 그러자 자못 찐덥지 않은 표정을 하고 가 버렸습니다. 혼정신성(昏定晨省)[68]하는 사이에 그 말을 하던가요?

答蒼厓[之四]

昨日 令胤來問爲文 告之曰 非禮勿視 非禮勿聽 非禮勿動

---

66) 당신의 아드님 : 원문은 '영윤(令胤)'. 유한준의 아들인 유만주(兪晩柱, 1755~1788)를 이른다. 호는 통원(通園)이다. 저서로 《통원시고(通園詩稿)》와 13년 동안 쓴 일기를 묶은 《흠영(欽英)》이 있다.
67) 예(禮)가… 한다 : 《논어》〈안연(顔淵)〉에 나오는 구절이다.
68) 혼정신성(昏定晨省) : 부모님을 정성껏 봉양하는 것을 이른다. 《예기》〈곡례 상(曲禮上)〉의 "자식이 된 자는 어버이에 대해서, 겨울에는 따뜻하게 해 드리고 여름에는 시원하게 해 드려야 하며, 저녁에는 잠자리를 보살펴 드리고 아침에는 문안 인사를 올려야 한다(冬溫而夏凊 昏定而晨省)"라는 구절에서 온 말이다.

非禮勿言 頗不悅而去 不審定省之際 言告否

창애에게 보내는 답장[다섯 번째]

저물녘에 용수산(龍首山)[69]에 올라 그대를 기다렸지만, 그대는 오지 않고 강물만 동쪽에서 흘러와 간 곳을 모르겠습니다. 밤이 깊어 달 뜬 강에 배를 띄우고 돌아와 보니, 정자 아래 늙은 나무가 허옇게 마치 사람처럼 서 있어 저는 또 그대가 그곳에 먼저 와 있는 것이 아닌가 싶었습니다.

答蒼厓[之五]

暮登龍首山 候足下不至 江水東來 不見其去 夜深泛月而歸 亭下老樹 白而人立 又疑足下先在其間也

---

[69] 용수산(龍首山):《동국여지지(東國輿地志)》〈개성부(開城府)〉에는 용수산(龍首山)이 '용수산(龍岫山)'으로 실려, "용수산(龍岫山)의 '수'를 '수(首)' 자로 쓰기도 한다. 개성부 남쪽 2리에 있으니 바로 외성의 기반이다(岫一作首 在府南二里卽外城基)"라고 했다.

창애에게 보내는 답장[여섯 번째]

　선비란 곤궁한 유학자의 다른 이름이 아닙니다. 비유하자면 그림 그리는 일은 흰 바탕 위에서 시작하는 것70)과 같으니, 천자에서부터 일반 백성에 이르기까지 모두가 선비입니다.71) 그런데 저들 스스로 벼슬을 명예롭게 여기

---

70) 그림… 것 : 《논어》〈팔일(八佾)〉에 공자가 "그림 그리는 일은 흰 바탕 위에 시작하는 것이다(繪事後素)"라고 한 구절이 있는데, 이는 본연의 질박함이 먼저이고 예(禮)의 꾸밈은 후차적인 일이라는 것을 의미한다.

71) 천자에서부터… 선비입니다 : 《연암집》〈원사(原士)〉에 "무릇 '선비'란 아래로 농업이나 공업과 같은 부류에 속하지만, 위로는 왕공(王公)과 벗이 된다. 지위로 말하면 농업이나 공업과 다를 바 없지만, 덕으로 말하면 왕공이 평소 섬기는 존재다. 선비 한 사람이 글을 읽으면 그 혜택이 사해(四海)에 미치고 그 공은 만세에 남는다. … 그러므로 천자는 '원래 선비'다. 원래 선비라는 것은 생민(生民)의 근본을 두고 한 말이다. 그의 작위는 천자이지만 그의 신원(身元)은 선비인 것이다. 그러므로 작위에는 높고 낮음이 있지만 신원이 변화하는 것은 아니며, 지위에는 귀천이 있지만 선비는 다른 데로 옮겨지는 것이 아니다. 그러므로 작위가 선비에게 더해지는 것이지, 선비가 변화해 어떤 작위가 되는 것은 아니다(夫士下列農工 上友王公 以位則無等也 以德則雅事也 一士讀書 澤及四海 功垂萬世 … 故天子者 原士也 原士者 生人之本也 其爵

면서 지치고 굶주린 선비로 불리는 것은 평생 과거 시험장에서 요행이나 바라면서 자신을 증오하고 업신여기기 때문입니다. 천자로서 선비가 아닌 자는 오직 주전충(朱全忠)72) 한 사람뿐입니다. 예컨대 조자환(曹子桓)73)은 동경(東京)74)의 수재이고, 환경도(桓敬道)75)는 강좌(江左)76)

則天子也 其身則士也 故爵有高下 身非變化也 位有貴賤 士非轉徙也 故爵位加於士 非士遷而爵位也"라는 구절이 있다.

72) 주전충(朱全忠, 852~912) : 오대(五代) 양나라의 태조다. 도적 황소(黃巢)의 도당이었다가 882년 관군에 항복해 당 희종(唐僖宗)으로부터 전충이라는 이름을 하사받았다. 그 뒤 황소의 잔당과 그 밖의 군웅을 평정해 그 공으로 양왕(梁王)에 봉해지고 각지의 절도사를 겸하는 등 화북 제일의 실력자가 되었다. 뒤에 소종(昭宗)을 살해한 뒤 애제(哀帝)를 세웠고, 다시 907년에 애제로부터 제위를 양수(讓受)받아 양나라를 세우고 개봉(開封)을 수도로 정함으로써 당나라를 멸망시켰다.

73) 조자환(曹子桓) : '자환'은 위나라 초대 황제인 조비(曹丕, 187~226)의 자다. 시호는 문제(文帝)이고, 조조(曹操)의 장자다. 한나라의 헌제(獻帝)를 옹립하고 화북(華北)을 평정한 조조는 제위에 오르지 않았지만, 조비는 헌제에게서 양위받는 형식으로 황제가 되어 도읍을 낙양에 두고, 국호를 '위(魏)'라고 했다.

74) 동경(東京) : 낙양(洛陽)의 다른 이름이다.

75) 환경도(桓敬道) : '경도'는 동진 말기에 건강(建康)을 함락하고 초나라를 세운 환현(桓玄, 369~404)의 자다. 동진 원흥(元興) 2년(403)

의 이름난 선비입니다.

答蒼厓[之六]

士非窮儒之別號 譬如繪事而後素 則自天子 達於庶人 皆士也 彼自名官 疲餒士稱者 平生乾沒於場圍之間 自憎自侮故耳 天子而非士者 惟朱全忠一人 若曹子桓 東京之秀才 桓敬道 江左之名士耳

에 안제(安帝)의 자리를 찬탈해 임금 노릇을 하다가 유유(劉裕)에게 죽임을 당했다.

76) 강좌(江左) : 장강(長江) 하류의 동쪽 지역인 강동(江東)을 이른다. 지금의 장쑤성(江蘇省) 일대 지역이다.

창애에게 보내는 답장[일곱 번째]

　그대는 짐을 풀고 안장을 내리십시오. 내일은 비가 올 것 같습니다. 샘물 소리가 울리고 물비린내가 나며, 섬돌에 개미가 떼로 몰려오고 학이 울면서 북으로 날아가며, 연기는 땅에 깔려 치닫고 별똥은 서쪽으로 흐르며 바람은 동쪽에서 불어옵니다.

答蒼厓[之七]
足下其稅裝卸鞍　來日其雨　泉鳴水腥　堵潮螘陣　鸛鳴入北　烟盤走地　星矢西流　占風自東

창애에게 보내는 답장[여덟 번째]

　나무를 심고 꽃을 옮겨 심는 방법은 마치 진(晉)나라 사람의 붓글씨처럼 글자는 구차스럽게 배열하지 않고 줄은 저절로 시원스럽고 반듯하게[77] 해야 합니다.

答蒼厓[之八]
種樹蒔花 當如晉人之筆 字不苟排 而行自疎直

---

[77] 마치… 반듯하게 : '진(晉)나라 사람의 붓글씨'는, 진나라의 명필인 왕희지(王羲之)의 초서를 이른다. 《연암집》〈제우인국화시축(題友人菊花詩軸)〉에도 "여진인지필자 불구배이행자소직(如晉人之筆字 不苟排而行自疎直)"이라는 동일한 구절이 실려 있다.

창애에게 보내는 답장[아홉 번째]

    정 옹(鄭翁)78)은 술을 마실수록 글씨가 더욱 굳세어, 큰 점이 공만 했고 먹물 방울은 날아서 왼뺨에 떨어지곤 했습니다. '남(南)' 자의 오른쪽 다리 획이 종이를 넘어 바닥에 깐 자리까지 내려가자, 붓을 내던지고 웃으며 유유히 용호(龍湖)79)로 떠나가 지금도 그의 자취를 찾을 수가 없습니다.

答蒼厓[之九]

鄭翁飮逾豪而筆逾健 其大點如毬 墨沫飛落左頰 南字右脚 過紙歷席 擲筆笑 悠然向龍湖去 今不可尋矣

---

78) 정 옹(鄭翁) : 정내교(鄭來僑, 1681~1759)로 추정된다.
79) 용호(龍湖) : 용산(龍山) 앞 한강 옆에 있는 동재기나루와 노들나루로 둘러싸인 앞 강을 이른다. 오늘날 옥수동(玉水洞) 강변이 도성에서 동남쪽에 있다고 해서 '동호(東湖)'라고 불렀던 것처럼 일반적으로 강(江)을 '호(湖)'라고 부른 경우는 허다하다.

설초(雪蕉)80)에게 보내는 편지

　무슨 말을 하고 무슨 말을 하겠습니까? 아계(鵝溪)81)가 다른 사람의 서첩에 제사(題辭)를 써 주면서 '아옹(鵝翁)'이라 하자, 송강(松江)82)이 이를 보고 웃으면서 "대감이 오늘에야 제소리를 내는구먼"이라고 했습니다. 이는 '아옹(鵝翁)'이 고양이의 울음소리와 비슷한 것을 두고 한 말입니다. 이 사람도 오늘 자신의 마음을 표현했으니, 두렵고 두려울 뿐입니다.

---

80) 설초(雪蕉) : 누구인지 자세하지 않다.
81) 아계(鵝溪) : 이산해(李山海, 1539~1609)의 호다. 자는 여수(汝受)이고, 시호는 문충(文忠)이다. 어려서 숙부인 이지함(李之菡)에게서 배웠다. 대사성(大司成) 등을 지냈다. 저서로 《아계집(鵝溪集)》이 있다.
82) 송강(松江) : 정철(鄭澈, 1536~1593)의 호다. 자는 계함(季涵)이고, 시호는 문청(文淸)이다. 고산(孤山) 윤선도(尹善道)와 함께 한국 시가의 쌍벽을 이룬다고 일컬어진다. 저서로 《송강집(松江集)》 등이 있다.

與雪蕉

何可言何可言 鵝溪題人帖 稱鵝翁 松江見而笑之曰 相公今日 喚出自家聲 謂其鵝翁 與猫聲相類 此人今日寫出自家心 可怕可怕

치규(穉圭)[83]에게 보내는 편지

　백우(伯雨)는 아마도 자리를 떨치고 일어나지 못할 것 같습니다. 무당이 문으로 들어오자 귀신이 방에 가득했으며, 아침에 가서 진찰해 보니 낯빛이 새까맣고 눈동자는 충혈되고 부어 있었습니다. 그래서 제가 무슨 빌미로 이렇게 된 것인지 묻자, "두려움과 후회가 많았는데, 이것이 빌미가 되었습니다"라고 했습니다. 그래서 내가 "군자는 도를 즐겨 근심을 잊으며,[84] 천명을 따르고 이치에 순응하면서 도에 맞게 행동하는데, 무엇을 두려워하고 무엇을 후회하겠습니까?"라고 하자, 곁에서 그를 모시는 사람이 눈짓으로 말렸습니다. 해그림자를 보고 밖으로 나와 좌우 사람들에게 물었더니, "선생의 병세는 싫어하는 것이 많은데, 특히 여자를 가장 꺼립니다"라고 대답했습니다.

　생각해 보니 백우는 얼굴이 희고 잘생긴 데다 항상 자

---

83) 치규(穉圭) : 누구인지 자세하지 않다.
84) 군자는 도를 즐겨 근심을 잊으며 : 《논어》〈술이(述而)〉에서 공자가 "도를 즐겨 근심을 잊는다(樂以忘憂)"라고 한 구절이 있다.

신을 꾸몄으니 지금 병은 지나치게 여자를 사랑한 것이 빌미가 되었습니다. 불[火]이 뜨거우면 쇠[金]가 녹고, 나무[木]가 성하면 흙[土]이 흘러내리듯 두려움이 생기면 뉘우침이 그 위에 편승합니다. 이 때문에 두려워하고 싫어하는 증세가 생긴 것이지 귀신의 재앙은 아닙니다. 그런데 무당을 통해 기도하니 나는 백우의 병이 정말로 귀신의 재앙이 될까 두렵습니다.

무릇 귀신 중에도 군자의 귀신과 소인의 귀신이 있습니다. 삼신(三辰)[85]과 오행(五行)[86], 사직과 산천은 백성에게 주는 이로움이 있기 때문에 섬기는 귀신이고, 죽음으로써 나랏일에 수고한 인물, 공로로 나라를 안정시킨 인물, 공정한 법을 백성에게 실시한 인물, 재해와 큰 환란을 막은 인물은 백성에게 세운 공로가 있기 때문에 섬기는 귀신입니다. 이처럼 공덕과 큰 이익을 주는 귀신에게는 모두 제

---

85) 삼신(三辰) : 해와 달과 별을 이른다. 《춘추좌씨전》 환공(桓公) 2년조의 "삼신의 깃발은 밝음을 소명하기 위함이다(三辰旂旗 昭其明也)"라는 구절에 대한 두예(杜預)의 주(注)에 "삼신은 해와 달과 별이다(三辰 日月星也)"라고 했다.

86) 오행(五行) : 만물이 생성하고 변화하는 다섯 가지 원소인, 금(金)·목(木)·수(水)·화(火)·토(土)를 이른다.

사를 지내도록 제사를 지내는 의례(儀禮)를 기록한 사전(祀典)에 기록되어 있습니다.87) 이것을 '명신(明神)'88)이라 하는데, 이들은 어질고 신령하며 부귀하고 오래 살며 존귀하고 현달하니, 이것이 바로 군자의 귀신입니다. 그런데 부엌신, 방구석신, 문지방신, 중류신(中霤神)89)은 모두 제사에 대한 보답이 있기는 하지만 진실로 명신과 같은 부류

---

87) 삼신(三辰)과⋯ 있습니다 : 《예기》〈제법(祭法)〉에 "무릇 성왕이 제사를 제정할 적에 공정한 법을 백성에게 실시한 인물이면 제사를 지내고, 죽음으로써 나랏일에 힘쓴 인물이면 제사를 지내며, 고생해 나라를 안정시킨 인물이면 제사를 지내고, 큰 재해를 막은 인물이면 제사를 지내며, 큰 환란을 막은 인물이면 제사를 지낸다. ⋯ 그리고 일월성신은 백성이 우러러보는 대상이고, 산림, 천곡, 구릉은 백성이 재물을 가져다 쓰는 곳이므로 제사를 지낸다. 그러나 이런 것들을 제외한 대상은 사전에 싣지 않는다(夫聖王之制祭祀也 法施於民則祀之 以死勤事則祀之 以勞定國則祀之 能禦大菑則祀之 能捍大患則祀之 ⋯ 及夫日月星辰 民所瞻仰也 山林川谷丘陵 民所取財用也 非此族也 不在祀典)"라는 구절이 있다.

88) 명신(明神) : 일월산천(日月山川)을 이른다. 《시경》〈대아(大雅) 운한(雲漢)〉에 "신명을 공경히 섬긴 것으로는, 후회와 노여움이 없어야 하리라(敬恭明神 宜無悔怒)"라는 구절이 있다.

89) 중류신(中霤神) : 방의 가운데에 있는 신을 이른다. 《춘추공양전》 애공(哀公) 6년 조에 "이에 역사에게 큰 자루를 들고 방 가운데 오게 했다(於是 使力士 擧巨囊 而至于中霤)"라는 구절이 있다.

는 아닙니다. 이를 '간신(奸神)'이라 하는데, 어리석고 신령하지 못하며 천하고 일찍 죽으며 비루하고 어두우니, 이것이 바로 소인의 귀신입니다.

이들이 숲과 늪에 붙으면 '매(魅)'가 되고 덤불과 골짜기에 붙으면 '양(魎)'이 되며, 벌레와 물고기에 붙으면 '요(妖)'가 되고 풀이나 나무에 붙으면 '상(祥)'이 되며, 물건에 붙으면 '괴(怪)'가 되고 사람에게 붙으면 '수(竪)'가 되며, 꿈에 붙으면 '압(魘)'이 되고 일에 붙으면 '마(魔)'가 되고 병에 붙으면 '여(厲)'가 됩니다. 이런 것들은 사전(祀典)에도 실려 있지 않고 천지 사이에도 용납할 곳이 없으며, 해와 달이 밝게 비추고 바람과 우레가 뒤흔들면 구멍으로 달아나고 틈 사이로 숨어들어, 궁핍하고 주려 억울해 하다가 간혹 민간의 재앙이 되기도 합니다. 그러면 무당이 요사스러움에 기대어 장구를 치고 춤을 추면서 자신의 의기와 맞는 귀신들을 불러 집안 식구들을 겁주는 것입니다.

《시경》〈대아(大雅) 한록(旱麓)〉에 "화락한 군자여, 복을 구하는 것이 삿되지 않구나"라고 했는데, 군자가 걸린 병에 대해 어찌하여 소인의 귀신을 섬긴단 말입니까? 아녀자들을 홀대하는 것은 말이 많기 때문입니다. 아녀자들이 수다스러운 것은 무당의 미끼가 되고 여자 무당이 장구

치며 춤추는 것은 귀신을 불러들이는 매개가 되는 것입니다. 이러한 미끼와 매개가 다 갖추어진다면 이는 참으로 화를 불러들이는 단서가 됩니다. 갈대 빗자루로 재앙을 쓸어 내고 부적을 붙여 주문을 외우며 겉으로는 귀신을 몰아내는 척하면서 남몰래 귀신을 불러들여 머리를 조아리고 울부짖으며 사죄하니,[90] 이는 참으로 재앙을 불러들이는 짓입니다. 그래서 귀신의 말을 대신 하고 귀신의 웃음을 대신 웃으며 귀신의 화를 대신 화내고 귀신의 기쁨을 대신 기뻐하며 온 방 가득 귀신을 불러들여, 들어오면 절박한데 머물다가 나갈 때는 제멋대로 나가[91] 남의 병을

---

[90] 울부짖으며 사죄하니 : 원문은 '호복(呼服)'. '호복사죄(呼服謝罪)'의 준말로, 《사기》〈위기무안후전(魏其武安侯傳)〉에 "그해 봄에 무안후가 병이 들자 줄곧 울부짖으며 귀신에게 사죄했다. 귀신을 볼 수 있는 무당에게 보게 하니 위기후와 관부가 함께 그를 지키면서 그를 죽이려고 했다(其春 武安侯病 專呼服謝罪 使巫視鬼者視之 見魏其 灌夫共守 欲殺之)"라고 했다.

[91] 제멋대로 나가 : 원문은 '승고(乘尻)'. '고가(尻駕)'와 같은 말이다. 엉덩이를 수레로 삼는다는 뜻으로, 마음 내키는 대로 노닐며 돌아다니는 것을 이른다. 소식(蘇軾)의 〈화도화원시(和桃花源詩)〉에 "비계의 울음소리 때를 맞춰 들려오고 내키는 대로 노닐며 멍에를 벗지 않네(臂鷄有時鳴 尻駕無可稅)"라는 구절이 있다.

가지고 장난치면서 재물을 탐내니, 어찌 자리를 떨치고 일어날 수 있겠습니까?

성인은 귀신을 공경하지만 멀리했기 때문에 "나는 기도한 지 오래되었다"[92]라고 했으니, 지금 방 안에서 항상 기도하고 있다면 이보다 더 귀신을 가까이 불러들이는 것이 어디에 있겠습니까? 이것이 과연 명신(明神)이라면 어찌하여 희생(犧牲)과 옥백(玉帛)을 버려두고 그릇되이 민가에서 밥을 얻어먹겠습니까? 만약 그것이 나쁜 짓을 일삼는 사악하고 바르지 않은 귀신이라면 그에게 무슨 복을 빌겠습니까? 거북점도 거듭 점을 치면 오히려 알려 주지 않는데,[93] 더구나 그릇된 예에 푸짐하게 대접하고 재물을 가득 주어 귀신을 거느릴 수 있겠습니까?

그러자 백우가 그대의 누이가 어질고 형과 같은 기풍

---

[92] 나는 기도한 지 오래되었다 : 《논어》〈술이(述而)〉에 공자가 병이 났을 때, 자로(子路)가 천지신명께 기도하기를 청하자, 공자가 "나는 기도한 지 오래되었다(丘之禱久矣)"라고 한 구절이 있다.

[93] 거북점도… 않는데 : 원문은 '구습기주 상차불고(龜習其繇 尙且不告)'. '습(習)'은 '거듭', '주(繇)'는 '점'이라는 뜻이다. 《시경》〈소아(小雅) 소민(小旻)〉에 "나의 거북이 이미 싫증을 낸지라 나에게 길흉을 알려 주지 않네(我龜旣厭 不我告猶)"라는 구절이 있다.

이 있어서 매사를 그대와 상의한다고 했습니다. 그런데 그대는 이를 알면서도 바로잡지 않고 있으니, 그들과 함께 잘못이 있습니다. 그대는 생각해 주십시오.

與稺圭

伯雨 殆其不振乎 女巫入門 鬼盈其室 朝日 就診色煤 晴驛而浮 問之祟 曰 多懼且多悔 是爲祟也 曰 君子樂而忘憂 順命循理 中道而行 夫何懼何悔 侍者目而止 視晷出而問諸左右 對曰 夫子病多惡 婦人最忌 念伯雨晢而都常自容 今祟竉嬖過也 火爍金虧 木剋土流 懼來悔乘 是生疑惡 非鬼祟也而禱之用巫 吾恐伯雨之疾 實爲鬼祟也 夫鬼有君子有小人 三辰五行 社稷山川 以其利也 勤死勞定 法施禦捍 以其功也 功德美利 皆登祀典94) 是爲明神 賢而靈 貴而壽 尊而顯 君子之鬼也 至于竈奧戶雷 皆得其報 苟非其類 是爲奸神 愚而不靈 賤而夭 卑而幽 小人之鬼也 林澤爲魅 藪谷爲魎 蟲魚爲妖 卉木爲祥 在物爲恠 在人爲𧎸 在夢爲魘 在事爲魔 在疾爲厲 典祀不載 天地不容 日月燭之 風霆蕩之 穴竄隙投 窮餒壹鬱 間爲民慝 女巫仗淫 拊缶而舞 氣類以呼 以恐家人 詩云 愷悌君子 求福不回 君子有疾 如之何小人之鬼是事 婦人是簡 用是多舌 婦人多舌 巫之囮也 女巫缶

---

94) 사전(祀典) : 저본에는 '전사(典祀)'로 되어 있으나, 《예기》〈제법(祭法)〉에 의거해 '사전(祀典)'으로 바로잡았다.

舞 鬼之媒也 囮媒既成 實爲禍階 苅祓符說 陽麾陰招 稽首呼服 實爲徠咎 鬼言鬼笑 鬼怒鬼喜 招徠盈室 入則餂喉 出則乘尻 翫疾而貨之以饕賂 焉其能振乎 聖人敬鬼神而遠之 故曰某之禱久矣 今恒禱于室 鬼孰近焉 是果明神也 其肯舍其牷玉 左食于家人乎 如其奸淫不逞 何福之賴也 龜筮其繇 尙且不告 而況豐于非禮 章賂而將之 伯雨言令妹賢 甚有兄風 每事諏於足下 足下知而不諫 與有過焉 足下其圖之

중관(仲觀)95)에게 보내는 편지

 제가 듣기에 그대가 계우(季雨)와 절교했다고 하던데, 무슨 일입니까? 만약 계우가 어질다면 절교해서는 안 되고, 만약 불초하다면 그대가 도와주지 못하고 마침내 대대로 사귀어 온 친분을 저버리는 것이니, 도대체 어쩌자는 것입니까? 어진 사람과 절교하는 것은 상서롭지 못하고 불초한 사람을 도와주지 않는 것은 어질지 못합니다. 만약 그가 잘잘못을 따지고 든다면 고을 부형들의 의논을 기다려야 합니다. 상서로운 일을 저버리고 어진 이를 버리는 것에 대한 책임은 그대에게 있다고 저는 생각합니다.

 옛날 그대가 관례를 치를 때 지금은 돌아가신 그대의 아버지께서 자방(子方)96) 씨를 빈(賓)으로 뽑았고97) 백우

---

95) 중관(仲觀) : 누구인지 자세하지 않다.
96) 자방(子方) : 누구인지 자세하지 않다.
97) 빈(賓)으로 뽑았고 : 원문은 '서빈(筮賓)'. 관례를 맡아서 주관할 빈(賓)을 뽑는 것을 이른다. 《조선왕조실록》〈광해군일기(光海君日記)〉에 "미천하고 보잘것없는 신이 밝은 시대를 만나서, 지금 왕세자의 관례를 맡아 주관할 빈을 선발하는 날에 백관의 반열에 서서 모시게 되었

(伯雨)가 실로 관례를 돕는 찬자(贊者)가 되어, 그대와 절을 하고 섬돌 위에 올라 축(祝)을 읽고 관을 씌워 성인(成人)의 의식을 거행했으며, 술을 따라 제(祭)를 지내 상서로움을 안정시키고, 절을 하고 자(字)를 지어 그의 덕을 드러내었으며, 띠와 신발에까지 모두 훈계의 말씀을 내렸습니다. 그런데 자방 씨와 백우가 죽자 그들의 고아와 어린 아우를 염두에 두지 않고 그들의 혼령을 슬프게 한다면 그대는 편하겠습니까? 만약 돌아가신 분들이 지각이 없다고 해도 잊어서는 안 됩니다. 만약 지각이 있다고 한다면 어찌 두 아버지[98]의 마음에 부끄러움이 없겠습니까?

무릇 관(冠)이란 머리에 쓰는 것이고, 띠는 허리에 매는 것이며, 신은 발에 신는 것인데, 그대는 지금 관만 머리에 썼지 그 덕은 머리에 쓰지 않고, 그 띠만 허리에 매었지 그가 했던 훈계의 말은 허리에 매지 않았으며, 신만 신었지 그의 훈계는 실천하지 않고 있습니다. 이는 바로 머리

습니다(猥瑣微臣 獲際明時 今於王世子筮賓之日 側侍鶬鷺之班)"라는 구절이 있다. 빈(賓)이 된 사람은 자신을 도울 찬자(贊者)를 한 사람 요청한다.

98) 두 아버지 : 중관(仲觀)의 아버지인 백우(伯雨)와 계우(季雨)의 아버지인 자방(子方) 씨를 이른다.

에 쓴 관을 떨어뜨리고 맨 띠를 풀어 버리고 그 선대의 아름다움을 잇지 않는 것이니, 장차 어떻게 관 쓰고 띠 매고 옷 입고 신 신고 향리에 다닌단 말입니까? 그대는 아무쪼록 생각해 주십시오.

與仲觀

僕聞足下絶季雨 此何事也 使季雨賢也 不可絶也 如其不肖也 子不能輔之 乃棄其世好 若之何 其99) 絶賢不祥 不輔不肖 不仁也 如使平其曲直也 以俟鄕黨之父兄也 背祥棄仁 僕知責在足下也 昔子之冠也 子之先君子 筮賓于子方氏 伯雨實爲之贊 揖子升階 祝而加之 以成其人 醮而祭之 以定其祥 拜而字之 以表其德 至于帶履 皆有訓命之辭 子方氏伯雨歿 不有其孤子弱弟 以戚其遊魂 子其安乎 使逝者無知也 不可忘也 如其有知也 獨無愧乎 二父之心乎 夫冠所以戴也 帶所以繫也 履所以踐也 今子冠而不戴其德 繫其帶而不繫其辭 踐其履而不踐其訓 是㔶戴解繫 不武其先懿也 將何以冠帶衣履 以行于州閭哉 子其圖之

---

99) 기(其) : 저본에는 '부(夫)'로 되어 있으나, 《연암집》 총서에 의거해 '기(其)'로 바로잡았다. '약지하기(若之何其)'는 《서경(書經)》〈상서(商書) 미자(微子)〉에 "이제 당신들은 이것을 지시해 나에게 넘어지고 떨어짐을 말해 줌이 없으니, 어찌해야 합니까?(今爾無指告予顚隮 若之何其)"라고 한 구절에 보인다.

어떤 사람에게 보내는 편지

그대는 고서를 많이 쌓아 두고 전혀 남에게 빌려주지 않으니, 어찌 잘못이 아니겠습니까? 그대는 장차 대대로 전하려고 하는 것입니까? 천하의 물건이 대대로 전해지지 못한 것이 오래되었습니다. 요순도 전하지 못했고 삼대(三代)도 지키지 못한 천하를 진시황제가 지키려 했으니 어리석습니다. 그런데도 그대는 오히려 몇 질의 책을 대대로 지키고자 하니, 어찌 잘못 생각하고 있는 것이 아니겠습니까?

책이란 정해진 주인이 없는 법이니, 착하게 행동하고 학문을 좋아하는 자의 소유일 뿐입니다. 가령 후대가 어질어서 착하게 행동하고 학문을 좋아해 벽 사이에 감추어 둔 책100)과 무덤에 숨겨 둔 책101)과 아홉 번이나 통역을

---

100) 벽 사이에 감추어 둔 책 : 공자가 살던 집 벽 속에서 나온 책을 말한다. 진나라 시황이 분서갱유(焚書坑儒)하고 나서 천하의 서책이 모두 없어졌다. 한(漢)나라 무제(武帝) 때 노공왕(魯恭王)이 궁궐을 넓히기 위해 공자가 살던 집의 벽을 허물자, 그 속에서 《고문상서(古文尙書)》, 《예기(禮記)》, 《논어(論語)》, 《효경(孝經)》 등 수십 편의 서책이

거쳐 전해진 책이 있다고 해도 장차 남양(南陽)의 시대로 돌아가고 말 것입니다.102)

만약 후대가 어질지 못해 교만하고 안일하며 게으르다면 천하도 지키지 못하는데 하물며 서적은 어떻겠습니까? 남에게 말을 타도록 빌려주지 않는 것103)을 공자는 오히

나왔는데, 이는 공자의 후손들이 숨겨 둔 것이라고 한다.

101) 무덤에 숨겨 둔 책 : 진(晉)나라 때 급군(汲郡)에 있던 위나라 안희왕(安釐王)의 무덤에서 발굴된 《일주서(逸周書)》 등의 책들을 가리킨다.

102) 남양(南陽)의 시대로 돌아가고 말 것입니다 : 아무 흔적조차 없이 사라지고 만다는 뜻을 이른다. 《도연명집》〈도화원기(桃花源記)〉에 진(晉)나라 때 물고기 잡는 일을 업으로 하던 무릉(茂陵) 사람이 하루는 고기를 잡다가, 갑자기 도화림(桃花林)을 만나 그곳에 들어가서 옛날 진(秦)나라 때 피난 와서 사는 사람들을 만나 그들로부터 융숭한 대접을 받고 돌아왔는데, 그 후 그가 다시 그곳을 가 보려고 했으나 길을 잃어 가지 못했다. 또 남양(南陽)의 고사(高士) 유자기(劉子驥)도 그 말을 듣고 친히 가 보려고 했으나 역시 이루지 못하고 죽음으로써 마침내 나루터를 묻는 사람이 없게 되었다고 한다.

103) 남에게 말을 타도록 빌려주지 않는 것 : 《논어》〈위 영공(衛靈公)〉에 공자가 "나는 예전엔 그래도 사관이 의심나는 곳은 빼놓고 기록하는 것을 보았고, 또 말을 가진 사람이 남에게 타도록 빌려주는 것을 보았는데, 지금은 그런 미풍을 볼 수 없게 되고 말았다(吾猶及見史之闕文也 有馬者借人乘之 今亡矣夫)"라고 한 구절이 있다.

려 슬퍼했는데 책을 가진 사람이 남에게 빌려주어 읽도록
하지 않는다면 어찌하겠습니까? 그대가 만약 자손이 어진
지 어리석은지에 관계없이 모두 대대로 책들을 지킬 수 있
다고 생각하신다면 이 또한 큰 잘못입니다. 임금이 처음
나라를 세워 자손에게 물려주는 것은 끊임없이 지속하려
는 것입니다. 그래서 법으로 밝히고 덕으로 거느리고 관
용으로 보여 주지 않음이 없지만, 후세가 오히려 이를 실
추해 나라를 이어받아 계승하는 경우가 없었습니다.

관석화균(關石和鈞)104)을 하나라 자손이 대대로 지켰
더라면 구정(九鼎)이 어찌 주나라로 옮겼겠으며,105) 명덕

---

104) 관석화균(關石和鈞) : 모든 사물의 표준이 되는 법칙이나 규칙을 이른다. '관(關)'과 '화(和)'는 '통(通)하고 고르다'라는 뜻이고, '석(石)'과 '균(鈞)'은 용량과 무게의 단위다. 《서경》〈오자지가(五子之歌)〉에 "어디에나 통하는 석과 고른 균이 왕실의 창고에 있다(關石和鈞 王府則有)"라는 구절이 있다.

105) 구정(九鼎)이 어찌 주나라로 옮겼겠으며 : 나라가 바뀌었음을 상징하는 말이다. '구정'은 우임금이 수토를 평정하고 구주(九州)의 쇠를 모아서 만든 아홉 개의 솥으로 상제와 귀신에게 제사 지내는 제기로 사용했는데, 하나라와 은나라를 거치면서 국권을 상징하는 보물로 간주되었다. 무왕이 구정을 하나라에서 주나라로 옮겨 온 것도 이런 맥락에서 천하의 주인이 은나라에서 주나라로 바뀌었음을 상징한다.

형향(明德馨香)106)을 은나라의 자손이 제대로 지켰다면 은나라의 수도인 박(亳)의 사직(社稷)107)이 어찌 여러 번 옮겨졌겠으며, 천자목목(天子穆穆)108)을 주나라 자손이 대대로 지켰다면 명당(明堂)109)이 어찌 헐렸겠습니까?

　이를 근거로 살펴본다면 법을 밝혀 후세에 전하고 덕과 포용을 보여 주어도 오히려 지키기 어려운데, 지금 사

---

106) 명덕형향(明德馨香) : 덕정(德政)을 이른다. 《서경》〈군진(君陳)〉에 "지극한 정치는 향기로워 신명을 감동시키니, 서직이 향기로운 것이 아니라 밝은 덕이 향기롭다(至治馨香 感于神明 黍稷非馨 明德惟馨)"라는 구절이 있다.

107) 박(亳)의 사직(社稷) : 은(殷)나라의 사(社)를 말한다. 옛날에 나라를 세우면 반드시 먼저 사(社)와 직(稷)을 세웠는데, 은나라는 박(亳)에 도읍을 정했기 때문에 '박사(亳社)'라고 한다.

108) 천자목목(天子穆穆) : 천자의 위엄을 이른다. 《시경》〈주송(周頌) 옹(雝)〉에 "제후들이 와서 제사를 돕거늘 천자는 엄숙하게 계시도다(相維辟公 天子穆穆)"라는 구절이 있다. 이 시는 주나라 무왕(武王)이 문왕(文王)에게 제사를 올릴 때를 노래한 것으로, 천자의 권위가 확립되어 제후들이 자발적으로 와서 제사를 도운 것을 이른다.

109) 명당(明堂) : 제왕이 정교(政敎)를 펴고 전례(典禮)를 행하던 곳으로, 조회(朝會)·제사(祭事)·양로(養老)·교학(敎學) 등의 큰 전례를 모두 이곳에서 거행했다. 《맹자》〈양혜왕 하(梁惠王下)〉에 "명당은 천자의 당이니, 왕께서 인정을 베풀고 싶으면 헐지 마소서(夫明堂者 王者之堂也 王欲行仁政 則勿毁之矣)"라는 구절이 있다.

적으로 보관하고 있는 천하의 고서(古書)를 남에게 빌려주는 선행을 하지 않으며, 교만하고 인색한 마음을 가지고서 후세에게 계승하려고 하니 불가능하지 않겠습니까? 군자는 글로 벗을 모으고 벗으로 인(仁)을 돕는 법인데,110) 그대가 만약 인을 구한다면 1000상자의 서적을 벗들과 함께 보아서 책이 다 해어진다고 해도 괜찮을 것입니다. 지금 책들을 묶어서 높은 선반에 놓여 두고 구구하게 후세를 위해 전해 줄 생각을 한단 말입니까?

與人

足下多蓄古書 絶不借人 何其謬也 足下將欲以世傳耶 夫天下之物 不能傳世也久矣 堯舜之所不傳 三代之所不能守 而秦皇帝之所以爲愚也 足下尙欲世守於數帙之書 豈不謬哉 書無常主 樂善好學者有之耳 若後世賢 樂善好學 壁間所藏 冢中所秘 九譯同文 將歸於南陽之世矣 若後世不賢 驕逸惰荒 天下亦不可守 而況於書乎 馬不借乘 仲尼猶且傷之 有書者不借人讀之 將若之何 足下若言子孫無賢愚 皆可以世守 則是又大謬 君子刱業垂統 爲可繼也 故莫不明之以法 將之以德 示之以容 後世猶或失墜 罔有承將 關石和鈞111)

---

110) 군자는… 법인데 : 《논어》〈안연(顔淵)〉에서 증자(曾子)가 한 말이다.

夏之子孫 苟可以世守 則九鼎何遷 明德馨香 殷之子孫 苟可以世守 則亳社何改 天子穆穆 周之子孫 苟可以世守 則明堂何毀 由是觀之 明法而垂之 德容而眎之 尙猶難守 今乃私天下之古書 不與人爲善 挾驕吝以濟其世 無乃不可乎 君子以文會友 以友輔仁 子如求仁 千箱之書 與朋友共弊之可也 今乃束之高閣 區區爲後世計耶

---

111) 균(鈞) : 저본에는 '균(勻)'으로 되어 있으나, 금본(今本)《서경》〈오자지가(五子之歌)〉에 의거해 '균(鈞)'으로 바로잡았다.

중옥(仲玉)112)에게 답하다

   귓속말은 애초에 듣지 말고, 누설하지 말라는 말은 하지 말아야 합니다. 남이 알까 두려운 말을 무엇 하러 말하며 무엇 하러 듣는단 말입니까? 이미 말을 해 놓고 다시 누설하지 말기를 경계하는 것은 상대방을 의심하는 것이고, 상대방을 의심하면서도 말하는 것은 지혜롭지 못한 일입니다.

答仲玉

附耳之言 勿聽焉 戒洩之談 勿言焉 猶恐人知 奈何言之 奈何聽之 旣言而復戒 是疑人也 疑人而言之 是不智也

---

112) 중옥(仲玉) : 누구인지 자세하지 않다.

중옥에게 답하다[두 번째]

    장공예(張公藝)의 100개의 '참을 인(忍)' 자113)는 끝내 융통성 있는 방법114)이 아닙니다. 장공예의 9대가 함께 살았는데 당나라 대종(代宗)이 "그렇게 할 수 있었던 것은 무엇으로 말하겠는가?"라고 하자, "어리석지 않고 귀가 먹지 않으면 늙은이 노릇을 할 수 없습니다"115)라고 했습니

---

113) 장공예(張公藝)의 100개의 '참을 인(忍)' 자 : 《가범(家範)》〈치가(治家)〉에 "장공예는 9대가 함께 살았으니, 북제, 수, 당에서는 모두 그의 문에 정표를 했다. 인덕 연간에 고종이 태산에 봉하고, 그의 집에 가서 장공예를 보고 화목하게 사는 방법을 물었다. 장공예는 종이와 붓으로 대답하겠다고 청하고는, 마침내 100개의 '참을 인(忍)' 자를 써서 올렸다(張公藝九世同居 北齊隋唐 皆旌表其門 麟德中 高宗封泰山 幸其宅 召見公藝 問其所以能睦族之道 公藝請紙筆以對 乃書忍字百餘以進)"라는 구절이 있다.

114) 융통성 있는 방법 : 원문은 '활법(活法)'. 융통성 있는 원칙이나 방법을 두루 이르는 말이다. 《주자어류》에 "조(趙)씨가 '저는 다행히 노선생님께 실마리가 되는 말을 들어 거칠게나마 삼가고 지키는 것을 알고 있으니 감히 실추하지 않을 따름입니다'라고 하자, 주희가 '실로 좋기는 하다만 결국 융통성 있는 방법은 아니다'라고 했다(趙曰 某幸聞諸老先生之緖言 粗知謹守 而不敢失墜爾 曰固是好 但終非活法爾)"라는 구절이 있다.

다. 그렇다면 어떻게 하는 것이 융통성 있는 방법입니까? 그것은 바로 아비는 아비 노릇 하고 아들은 아들 노릇 하며 형은 형 노릇 하고 동생은 동생 노릇 하고 남편은 남편 노릇 하고 아내는 아내 노릇 하고 어른은 어른 노릇 하고 어린이는 어린이 노릇 하고 남종은 남종 노릇을 하고 여종은 여종 노릇을 하는 것뿐입니다.116)

지금 〈인재기(忍齋記)〉를 지으면서 이 뜻을 넣으려고 하는데 어떨지 모르겠습니다. 저에게 적어서 주어 의혹을 풀게 해 주십시오.117)

---

115) 어리석지… 없습니다 : 《수서(隋書)》에 수나라 상서(尙書) 장손평(長孫平)이 "어리석지 않고 귀먹지 않으면 늙은이 노릇을 할 수 없다(不癡不聾未堪作大家翁)"라고 했는데, 후에 당나라 대종(代宗)이 장공예에게 묻자 그가 "어리석지 않고 귀먹지 않으면 가장 노릇을 하기 어렵다(不癡不聾 不作家翁)"라는 말로 바꾸어 썼다.

116) 아비는… 것뿐입니다 : 《주역》〈가인괘(家人卦)〉에 "아비는 아비 노릇 하고 아들은 아들 노릇 하고 형은 형 노릇 하고 동생은 동생 노릇 하고 남편은 남편 노릇 하고 아내는 아내 노릇 하면 집안의 도가 바르게 되니, 집안이 바르게 되어야 천하가 안정된다(父父子子 兄兄弟弟 夫夫婦婦 而家道正 正家而天下定矣)"라는 구절이 있다.

117) 적어서… 주십시오 : 원문 '시파(示破)'는 '녹시파의(錄示破疑)'의 준말이다.

答仲玉[之二]

張公藝百忍字 終非活法 張公之九世 唐代宗能之 何以言之 不痴不聾 不作阿翁 然則那是活法 曰父父子子 兄兄弟弟 夫夫婦婦 長長幼幼 奴奴婢婢耳 今作忍齋記 欲攙入此意 未知如何 示破

중옥에게 답하다[세 번째]

어제는 우리가 달을 저버린 것이 아니라 달이 우리를 저버린 것입니다. 세상의 어떤 일이든 모두 다 저 달과 같지 않겠습니까?

한 달 30일도 크고 작은 달이 있어서 1일과 2일은 초승달118)만 보이고, 3일은 달이 겨우 손톱 흔적만 합니다. 그래도 여전히 낙조(落照) 때는 별을 비추며, 4일에는 갈고리만 하고 5일이면 미인의 눈썹만 하고 6일이면 활만 하지만 빛은 아직 넓게 비추지 못하고, 7, 8에서 10일이 되면 비록 빗만 하지만 빈 둘레는 여전히 보기 흉하고, 11, 12, 13일이 되면 마치 변송(汴宋)119)의 산하(山河)처럼 오

---

118) 초승달 : 원문은 '방백(旁魄)'. '방(旁)'은 '가깝다'는 뜻이고, '백(魄)'은 달의 어두운 부분을 이른다. 또 '백'은 밝은 부분이 점점 자라서 어두운 부분이 사라지는 것을 이르는 '사백(死魄)'과 그 반대의 '생백(生魄)'으로 구분된다. 그래서 음력 1일을 '사백'이라고 하고 16일을 '생백'이라고 한다. 《서경》〈무성(武成)〉의 "1월 임진 2일(惟一月壬辰旁死魄)"이란 구절에 대한 공안국(孔安國) 전(傳)에 "'방'은 '가깝다'는 뜻으로, 2일은 사백에 가깝다(旁 近也 月二日 近死魄)"라는 구절이 있다.

119) 변송(汴宋) : 변(汴)에 도읍한 송나라의 유예(劉豫, 1073~1146)

(吳)와 촉(蜀)과 강남이 차례대로 점점 평정되어 영역으로 들어오는데 운주(雲州)와 연주(燕州)가 요(遼)에 함락되어 국토의 한 부분이 끝내 이지러진 모습과 같고,[120] 14일이 되면 마치 곽분양(郭汾陽)의 운수가 오복(五福)을 모두 갖추었지만 한편으로 곁에서 음해하는 어조은(魚朝恩) 때문에 두려워하고 몸을 조심해야 했던 것이 흠결과 같을 뿐입니다.[121]

를 이른다. 유예는 제남부(濟南府)를 다스리고 있었는데, 금나라가 침입하자 제남부를 가지고 금에 항복하고 금나라에서는 그를 황제로 임명했다. 이에 대명(大名)에 도읍해 국호를 '대제(大齊)'라고 하고 다시 변으로 도읍을 옮겼다.

120) 국토의… 같고 : 원문은 '금구종결(金甌終缺)'. '금구(金甌)'는 국가의 영토를 이르는 말로, 《양서(梁書)》〈후경열전(侯景列傳)〉에 남조(南朝) 양(梁)나라 무제(武帝)가 "우리나라는 마치 황금 단지와 같아서 하나도 상하거나 부서진 곳이 없다(我家國猶若金甌 無一傷缺)"라고 한 구절이 있다.

121) 곽분양(郭汾陽)의… 뿐입니다 : '분양'은 당나라 명장인 곽자의(郭子儀, 697~781)를 이르는 말로, 756년 안녹산(安祿山)의 난이 일어나자 삭방절도사(朔方節度使)로서 난리를 평정하는 데 큰 공을 세웠다. 환관 어조은(魚朝恩) 등의 배척을 받기도 했으나, 그 후 위구르를 회유하고 토번(吐蕃)의 침입을 물리치는 등 큰 공을 세워 덕종(德宗)으로부터 상보(尙父)의 호칭을 받았다. '분양'이라고 부르는 것은 그가 후에 분양군왕(汾陽郡王)에 봉해졌기 때문이다.

그렇다면 거울처럼 동그란 날은 15일 하루 저녁에 불과할 뿐입니다. 그나마도 달이 가장 둥근 때가 16일로 옮겨 가거나,122) 월식(月蝕)이 되거나 달무리가 지거나, 먹구름에 가려지거나, 거센 바람과 세찬 비가 내려 사람을 낭패스럽게 하는 것이 어제와 같습니다. 우리는 지금부터 마땅히 송나라의 인물을 본받고, 곽분양처럼 자기에게 주어진 복을 소중히 여기기를 바랄 뿐입니다.

答仲玉[之三]

昨日 非吾輩負月 月負吾輩也 世間甚事 摠非彼月耶 一月三十日 有大有小 一日二日 旁魄而已 三日堇如爪痕 而猶爲落照所射 四日如鉤 五日如美人眉 六日如弓 光輝未敷 自弦至旬 雖云如梳 虛圈猶醜 十一二三 如汴宋之山河 吳蜀江南 次第漸平 盡入版圖 而雲燕陷遼 金甌終缺 十四如汾陽之身命 五福俱全 惟是一邊旁着魚朝恩123) 恐懼戒謹

---

122) 거울처럼… 옮겨 가거나 : 큰달일 경우에는 16일이 '보름[望]'이 되고, 작은달일 경우 15일이 '보름'이 된다. 《석명(釋名)》〈석천(釋天)〉에 "보름[望]은 가득 찬 달의 이름이다. 큰달일 경우 16일이고 작은달일 경우 15일이다(月滿之名也 月大十六日 小十五日)"라는 구절이 있다.

123) 어조은(魚朝恩) : 저본에는 '어조(魚朝)'로 되어 있으나, 문맥을 살펴 '어조은(魚朝恩)'으로 바로잡았다.

乃缺陷事耳 然則正圓如鏡 不過十五一夕 或移望在十六[124]
或薄蝕暈珥 或頑雲掩罩 或甚風疾雨 沮敗人意 如昨日耳
吾輩從今 當效宋朝之人物 正希汾陽之惜福可耳

---

124) 십륙(十六) : 저본에는 '육(六)'으로 되어 있으나, 문맥을 살펴 '십륙(十六)'으로 바로잡았다.

중옥에게 답하다[네 번째]

 말세에 사람을 사귈 때는 상대방의 말이 간결하고 기운이 차분하며 성품이 소박하고 뜻이 검약한지를 살펴보아야 하며, 절대로 마음속에 계략을 가진 사람과 사귀어서는 안 되고 뜻이 허황한 사람과는 사귀어서는 안 됩니다.

 세상에서 말하는 '쓸모 있는 사람'은 반드시 '쓸모없는 사람'이며, 세상에서 말하는 '쓸모없는 사람'이란 반드시 '쓸모 있는 사람'입니다. 세상이 안락하고 고을에는 아무런 사고가 없는데, 참으로 쓸모 있는 사람이라면 어찌 자신의 재기를 드러내고 정신을 가다듬으면서까지 섣불리 남에게 보여 주겠습니까?

 저 갑옷을 입고 말에 오르는 것은 용맹한 사람 같지만 이는 노인들이 으레 가진 습관이고,[125] 60만 군사를 굳이

---

[125] 갑옷을… 습관이고 : 전국 시대 조나라의 명장 염파(廉頗)가 위나라에 도피했을 때 조나라가 진(秦)나라의 침공으로 곤경에 처하자 조나라 왕은 사자(使者)를 보내 염파가 아직 쓸 만한지를 탐문해 오게 했다. 그때까지 조나라에 다시 등용되기를 기다리고 있던 염파는 사자가 보는 앞에서 한 말의 밥을 먹고 열 근의 고기를 먹은 다음 갑옷 차림으

청한 것은 겁쟁이 같지만 이는 지혜로운 사람의 깊은 계책입니다.126)

答仲玉[之四]

末世交人 當看言簡而氣沈 性拙而志約者 絶有心計之人不可交 志意廣張不可交 世所謂可用之人 是必無用之人 世所謂無用之人 是必有用之人 天下安樂 鄕井無故 眞若可用 亦安肯披露才氣 抖擻精神 輕示於人耶 彼被甲上馬似勇 而乃老人例習 固請六十萬似刦 而乃智士深謀

로 말을 타고서 자신이 아직도 쓸 만한 사람임을 과시했다. 그러나 사자는 조나라로 돌아가 보고하기를 "염 장군이 비록 늙기는 했으나 아직까지 밥은 잘 먹습디다. 하지만 신과 함께 앉아 있으면서 잠깐 사이에 세 번이나 변을 보았습니다" 하니, 조나라 왕은 그가 늙었다고 여겨 마침내 부르지 않았다고 한다.

126) 60만… 계책입니다 : 진시황이 초나라를 정벌하기 위해 백전노장인 왕전에게 "병력이 얼마나 필요한가?"라고 묻자, 그는 "60만 대군(大軍)이 아니면 불가능합니다"라고 대답했다. 이에 시황은 "장군은 늙었구나. 어찌 그리 많은 병력이 필요하단 말인가?" 하고는 이신(李信)과 몽염(蒙恬)에게 20만 병력을 주어 초나라를 정벌하게 했으나 그만 패해 돌아오고 말았다. 이때 왕전은 사직하고 시골에 가 있었는데, 시황은 직접 그의 집으로 찾아가 사과하고 다시 그를 장군으로 기용해 60만 대군을 거느리고 출정하게 했다. 왕전은 마침내 초군(楚軍)을 격파하고 초나라 왕을 사로잡아 천하 통일의 위업을 달성했다.

북쪽 이웃의 과거 급제를 축하하다

무릇 요행한 경우를 말할 때는 '만에 하나'라고 합니다. 어제 과거에 응시한 사람이 수만 명은 될 듯하지만 급제한 사람은 겨우 20명밖에 되지 않으니 '만에 하나'라 할 만합니다.

과거 시험장 문으로 들어갈 때 서로 밟고 밟히고[127] 수도 없이 죽고 다쳐, 형제들이 서로를 부르며 찾다가 만나게 되면 손을 잡고 마치 다시 살아난 사람이라도 만난 듯이 여기니, 죽을 확률이 10분의 9라고 할 만합니다.

지금 그대는 십중팔구 죽을 확률에서 벗어나 만에 하나인 이름을 얻었습니다. 저는 많은 사람들 속에서 만에 하나뿐인 영광된 발탁을 미처 축하하기도 전에, 제 마음속으로 10분의 9에 해당하는 죽을 확률이 있는 그 위험한 곳에 다시 들어가지 않아도 되는 것을 축하합니다.

---

[127] 문으로 들어갈 때 서로 밟고 밟히고 : 원문은 '입문유린(入門蹂躪)'. 응시자가 아닌 잡상인 등이 과거 시험장으로 들어가면서 서로 밟고 밟히는 상황을 이른다.

곧바로 직접 나아가 축하해야 하지만, 저 역시 10분의 9나 죽는 위험한 곳에서 벗어난 뒤라서 지금 자리에 쓰러져 신음하고 있으니, 병이 조금 낫기를 기다려 주기 바랍니다.

賀北鄰科

凡言僥倖 謂之萬一 昨日擧人 不下數萬 而唱名纔二十 則可謂萬分之一 入門時相蹂躪 死傷無數 兄弟相呼喚搜索 及相得 握手如逢再生之人 其去死也 可謂十分之九 今足下能免十九之死 而乃得萬一之名 僕於枈中 未及賀萬分一之榮擢 而暗慶其不復入十分九之危場也 宜卽躬賀 而僕亦十分九之餘也 見方委臥呻楚 容候[128]少閒

---

[128] 후(候) : 저본에는 '후(候)'로 되어 있으나, 《연암집》 총서에는 '사(俟)'로 되어 있다.

사강(士剛)에게 보내는 답장

붓을 쥐고 언 손을 불어 녹이니 손톱이나 의대(衣帶)에서 모두 술 냄새가 풍깁니다. 이는 마치 젊은 장수가 사냥에 빠져 겉옷과 신발과 깃발에 모두 비린내를 띠고 있는 것이나 마찬가지입니다.

答士剛

握毫呵凍 爪甲衣帶 皆有酣臭 如小將酣獵 袍韡麾旆 皆帶腥氣也

영재(泠齋)129)에게 보내는 답장

 옛사람이 술을 경계한 것은 깊었다고 할 만합니다. 술에 부림을 당하는 것을 '술에 빠져 주정하다[酗]'130)라고 한 것은 그 흉덕(凶德)131)을 경계함이요, 술 받침대[舟]132)

---

129) 영재(泠齋) : 유득공(柳得恭, 1748~1807)의 호다. 시문에 뛰어나 규장각검서(奎章閣檢書)로 들어가 활약했고, 말년에는 풍천부사를 지냈다. 저서로는 《경도잡지(京都雜志)》 등이 있다.

130) 술에 빠져 주정하다[酗] : 《광운(廣韻)》 우운(遇韻)에 "취해 화를 내는 것이다(醉而發怒)"라고 했다. 《서경》〈미자(微子)〉에 "우리 후손은 술에 빠져 주정해, 그 덕을 아래에서 어지럽히고 무너뜨립니다(我用沈酗於酒 用亂敗厥德於下)"라는 구절이 있고, 《서경》〈태서 중(泰誓中)〉의 "음탕하고 술주정해 사나움을 부리니, 신하들이 본받았다(淫酗肆虐 臣下化之)"라는 구절에 대한 공영달(孔穎達) 소(疏)에 "후(酗)는 술에 취해 화를 내는 것이다(酗是酒怒)"라는 구절이 있다.

131) 흉덕(凶德) : 성질이나 행동이 흉악한 것을 이른다. 《서경》〈반경 하(盤庚下)〉에 "옛날 우리 선왕께서는 '장차 전인의 공보다 많게 하리라'라고 하고는 산으로 가서 우리의 흉악한 행동을 낮추어 우리 나라에 아름다운 공적이 있게 했다(古我先王 將多于前功 適于山 用降我凶德 嘉績于朕邦)"라는 구절이 있다.

132) 술 받침대[舟] : 받침대에 배가 그려져 있는 것으로 술에 취하면 전복되는 것을 경계한 것이다. 《주례》〈춘관(春官) 사준이(司尊彝)〉의

는 배가 전복되는 것을 경계한 것입니다. '술잔 뇌(罍)'는 '괴롭다[纍]'는 뜻과 관계되고, '술 그릇 가(斝)'는 '경계하다[嚴]'라는 뜻에서 가차한 것이고, '잔 배(盃)'는 '잔을 가득 채우지 마라[不皿]'라는 뜻으로 파자(破字)되고 '술잔 치(卮)'는 '위태로울 위(危)'와 비슷하고, '뿔잔 굉(觥)'은 '저촉[觸]됨을 경계한 것이고, '창 과(戈)' 자 두 개가 그릇 [皿] 위에 있는 것[盞]은 서로 다툼을 경계한 것이고, '술통 준(樽)'은 절제함[撙節]을 보여 주는 것이고, '술 받침대 금(禁)'은 '제약함[禁制]'을 이르고,133) '술 취할 취(醉)'는 '졸(卒)' 자로 구성되었고,134) '술 깰 성(醒)'은 '생(生)' 자가

"강신제에 계이와 조이를 쓰니 모두 받침대가 있다(祼 用雞彛 鳥彛 皆有舟)"라는 구절에 대한 정현(鄭玄) 주(注)에 정사농(鄭司農)을 인용해 "주(舟)는 잔 받침대로, 오늘날 잔대와 같다(舟 尊下臺 若今時承槃)"라는 구절이 있다.

133) '술 받침대 금(禁)'은 '제약함[禁制]'을 이르고: 《의례(儀禮)》〈사관례(士冠禮)〉의 "동무와 서무 양쪽 무에 잔 받침대를 두었다(兩廡有禁)"라는 구절에 대한 정현(鄭玄)의 주(注)에 "'금(禁)'은 잔을 받치는 기물이다. '금'이라고 이름 붙인 것은 이것을 통해 술을 경계하기 위해서다(禁 承尊之器也 名之爲禁者 因爲酒戒也)"라는 구절이 있다.

134) '술 취할 취(醉)'는 '졸(卒)' 자로 구성되었고: 《설문해자(說文解字)》 유부(酉部)에 "취(醉)는 '그치다'라는 뜻이다. 술 마시는 한도를 그

붙어 있습니다.135)

《주례》에 "평씨(萍氏)가 기주(幾酒)를 맡았다"136)라고 했는데, 《본초(本草)》를 살펴보니 "'개구리밥(萍)'은 술기운을 이긴다"라고 했습니다.137) 우리가 술을 즐기는 것이 옛사람보다 더하면서, 옛사람이 경계하신 뜻에는 어두우니 어찌 크게 두려워하지 않겠습니까? 오늘부터는 우리는 술을 보면 옛사람이 지어 놓은 글자의 뜻을 생각하고, 다시 옛사람이 만든 술 그릇의 이름을 돌아보는 것이 어떻겠

쳐서 어지러운 정도에는 이르지 않는 것이다(醉 卒也 卒其度量 不至於亂也)"라는 구절이 있다. 여기서 '졸(卒)'은 '죽다'라는 뜻으로 쓰였다.

135) '술 깰 성(醒)'은 '생(生)' 자가 붙어 있습니다 : '성(醒)' 자는 유(酉)와 일(日)과 생(生)으로 구성되어 있음을 설명한 것이다. 그러나 《광운(廣韻)》 청운(靑韻)에는 "성(醒)은 술에서 깨는 것이다(醒 酒醒)"라고 설명하고 있다. 여기서 '생(生)'은 '살다'라는 뜻으로 쓰였다.

136) 평씨(萍氏)가 기주(幾酒)를 맡았다 : '평씨'는 나라의 물에 관한 금령(禁令)을 맡은 관리이고, '기주'는 술의 구매량과 시기가 적절한지를 살피는 임무를 맡았다.

137) 《본초(本草)》를… 했습니다 : 《본초》는 신농씨가 지었다는 의학서로, 《동의보감》〈탕액(湯液) 초부 하(草部下)〉에 "개구리밥은 성질이 차고 맛은 맵고 시며 독이 없다. … 수기(水氣)를 내려보내고 술기운을 이기며, 수염과 머리카락을 자라게 하고 소갈을 멎게 한다(水萍 性寒 味辛酸 無毒 … 下水氣 勝酒 長鬚髮 止消渴)"라는 구절이 있다.

습니까?

答冷齋

古人之戒酒 可謂深矣 使酒曰酗 戒其凶德也 酒器有舟 戒其覆溺也 罍係纍 罃借嚴 盃爲不皿 卮類危字 觥戒其觸 兩戈臨皿 戒其相爭 樽示撙節 禁謂禁制 從卒爲醉 屬生爲醒 周官萍氏掌幾酒 按本草 萍能勝酒 僕輩嗜飮 賢於古人 而昧古人垂戒之義 豈不大可懼哉 願從今以往 吾輩當酒 輒思古人作字之義 復顧古人製器之名 如何如何

영재에게 보내는 답장[두 번째]

    이 수수께끼는 제가 이미 풀었습니다. '말가죽에 시체를 싼 것'은 종군(終軍)을 가리키고,138) '감히 쳐다보지 못한 것'은 엄안(嚴顔)을 가리키고,139) '거품'은 백기(白起)

---

138) 말가죽에… 가리키고 : '종군'은 전한(前漢)의 간의대부(諫議大夫)로 한나라를 떠나 남월(南越)에 사신 가서 남월왕에게 유세해 왕이 온 나라를 속국으로 들이게 했다. 그래서 천자가 종군에게 남월대신(南越大臣)의 관직을 주고 한나라 법을 시행하도록 해, 종군이 가서 남월을 다스렸다. 그러나 남월의 승상 여가(呂嘉)가 반대해 남월왕과 한나라 사신들을 죽였다. 이때 종군도 함께 죽었다. 《한서》〈종군전(終軍傳)〉에 전한다. '말가죽에 시체를 싸다'라는 것은 전쟁터에서 싸우다 죽어서 시신으로 돌아온다는 말로, 《후한서》〈마원열전(馬援列傳)〉에 후한(後漢)의 장군 마원(馬援)이 "남아는 마땅히 전장에 나가 싸우다가 죽어서 말가죽으로 시체를 싸서 돌아와야지 어찌 아녀자의 손에 죽을쏘냐(男兒當以馬革裹尸還葬 安可死於兒女手乎)"라고 한 말에서 유래하는데, 여기서는 싸우다 죽은 종군을 비유해 이르는 말이다.

139) 감히… 가리키고 : '엄안'은 동한 말의 장군으로, 장비(張飛)가 파주(巴州)를 공격해 파주태수(巴州太守) 엄안을 사로잡은 뒤, 성난 목소리로 "대군이 이르렀는데 어찌하여 항복하지 않고 감히 항거했는가?"라고 하면서 목을 베려고 했는데, 엄안이 안색을 변치 않고 "우리 파주에는 머리 잘리는 장군은 있을지언정 항복하는 장군은 없다. 목을

를 가리키고,140) '귤'은 황향(黃香)을 가리키고,141) '구름'
은 악비(岳飛)를 가리키고,142) '폭포'는 산도(山濤)를 가리
키고,143) '어린아이 얼굴에 머리는 흰 것'은 소옹(少翁)을
가리키고,144) '의가 모여 생기는 것'은 맹호연(孟浩然)을
가리키고,145) '풍자도(馮子都)'는 흉노(匈奴)를 가리키는

치려면 칠 것이지 어째서 성을 내는가!"라고 의연하게 대답하자, 장비
가 장하게 여겨 풀어 주고 빈객으로 대접했다는 고사가 《삼국지》에 전
한다. '감히 쳐다보지 못하다'라는 것은 장비가 엄안의 얼굴을 쳐다보
지 못했음을 비유해 이르는 말이다.

140) '거품'은… 가리키고 : '백기'는 전국 시대 진(秦)나라 장수로, 거품
이 하얗게 일어나기[白起] 때문에 '거품'에 비유한 것이다.

141) '귤'은… 가리키고 : '황향'은 동한 때 사람으로, 얼굴색이 노랗기
때문에 '귤'이라고 한 것이다.

142) '구름'은… 가리키고 : '악비'는 남송 때의 충신으로, 그의 이름이
'산에서 날아다니는 것[岳飛]'이라는 뜻에서, '구름'에 비유한 것이다.

143) '폭포'는… 가리키고 : '산도'는 서진(西晉) 때 사람으로, 죽림칠현
(竹林七賢) 가운데 한 사람이다. 그의 이름이 '산에서 이는 파도[山濤]'
라는 뜻에서 '폭포'에 비유한 것이다.

144) 어린아이… 가리키고 : '소옹'은 한나라 무제(武帝) 때 사람으로
방술(方術)에 뛰어났다고 한다.

145) 의가… 가리키고 : '맹호연'은 당나라 시인으로, 그의 이름이 '호연
(浩然)'이다. 《맹자》〈공손추 상(公孫丑上)〉에 "호연지기는 의(義)가

것입니다.146)

答冷齋[之二]

此度辭也 僕已解之矣 馬革裹尸 終軍 不敢仰視 嚴顏 泡者 白起也 橘者 黃香也 雲者 岳飛也 瀑者 山濤也 童顏白髮者 少翁也 集義所生者 孟浩然也 馮子都者 凶奴也

축적되어 생겨나는 것이지 의가 갑자기 엄습해 얻어지는 것은 아니다(是集義所生者 非義襲而取之也)"라고 했다.
146) '풍자도(馮子都)'는… 것입니다 : '풍자도'는 한나라 대장군 곽광(霍光)의 노복인 감노(監奴)로, 주인 곽광의 비첩인 현(顯)과 사통했다. 곽광의 아내 민씨(閔氏)가 죽고 현이 정실부인이 되자 반란을 일으켰다. 이처럼 풍자도는 흉악한 노복(奴僕)이므로 '흉노(凶奴)' 즉 '흉노(匈奴)'에 비유한 것이다.

아무개에게 보내는 답장

 우연히 야성(野性)147)을 찬미하며 자신을 고라니에 비유한 것은 고라니가 사람만 가까이 가면 놀라기 때문이지 감히 잘난 척하는 것은 아닙니다. 지금 그대의 편지를 받고 자신을 천리마 꼬리에 붙은 파리148)에 비유하시니, 또 어찌 그리 작게 여기시는지요? 진실로 그대가 작게 되려 하신다면 파리도 오히려 크니 작기로는 개미도 있지 않습니까?

 제가 약산(藥山)149)에 올라 도읍을 내려다보니 사람들이 이리저리 치달리듯 땅에 가득 기어다니는 것 같았

---

147) 야성(野性) : 자연을 좋아해 시골에서 즐겁게 생활하는 성정(性情)을 이른다.
148) 천리마 꼬리에 붙은 파리 : 왕포(王褒)의 〈사자강덕론(四子講德論)〉에 "천리마 꼬리에 붙어 있으면 1000리를 함께 치달릴 수도 있고, 기러기 날개를 더위잡으면 사해를 날아갈 수도 있으니, 내가 비록 우둔하긴 하지만 그대를 따라가고 싶은 마음이 들기도 한다(附驥尾 則涉千里 攀鴻翮 則翔四海 僕雖頑嚚 願從足下)"라는 구절이 있다.
149) 약산(藥山) : 평안도 영변(寧邊)에 있는 산 이름으로, 이곳에 고구려 때 지은 약산산성(藥山山城)이 있다.

습니다. 이는 마치 개밋둑을 쌓은 개미와 같아 입으로 한 번 불기만 해도 흩어질 것만 같았습니다. 그러나 다시 그 고을 사람들에게 저를 쳐다보게 한다면, 벼랑을 잡고 바위를 기어오르고 덩굴을 부여잡고 나무를 타고 산꼭대기에 올라가서 자신의 분수도 모르고 자신을 높고 크다고 여기니, 이 모습이 이[虱]가 머리털을 타고 오르는 것이나 무엇이 다르겠습니까? 그런데 지금 마침내 큰 소리로 자신을 고라니에 비유했으니, 어찌 그리 어리석던지요. 이는 대방가(大方家)150)들에게 비웃음을 사기에 마땅합니다.

  만약 다시 그 형체의 크고 작음을 비교하고, 보이는 대상의 멀고 가까움을 분별하자면 그대와 제가 모두 다 망령된 짓을 할 뿐입니다. 고라니는 파리보다야 크겠지만, 코끼리와 비교한다면 어떻겠습니까? 파리가 고라니보다야 작겠지만, 개미와 비교하면 고라니를 코끼리와 비교하는 것이나 마찬가지일 것입니다. 지금 저 코끼리가 서 있으면 집채만 하고 걸음은 비바람처럼 빠르며, 귀는 구름이

---

150) 대방가(大方家) : 식견이 높고 대도(大道)를 꿰뚫어 아는 사람을 이른다.

드리운 것 같고 눈은 초승달과 비슷하며, 발톱 사이의 진흙은 봉분과 같아, 그 언덕 속에 있는 개미들이 비가 오는지를 살펴 밖으로 나와서 진을 치고, 두 눈을 부릅뜨고 보아도 코끼리를 보지 못하는 것은 어째서입니까? 보이는 대상이 너무 멀기 때문입니다. 또 코끼리가 한쪽 눈만 찌푸려도 개미를 보지 못하니, 이는 다름 아니라 보이는 대상이 너무 가깝기 때문입니다. 만약 안목이 좀 큰 사람에게 다시 100리 먼 거리에서 바라보게 한다면 아득하고 멀어서 아무것도 보이지 않을 것인데, 어떻게 이른바 고라니나 파리, 개미나 코끼리를 분별할 수 있겠습니까?

答某

偶頌野性 自況於麋 所以近人則驚 非敢自大也 今承明敎 自比於驥尾之蠅 又何其小也 苟足下求爲小也 蠅猶大也 不有蟻乎 僕嘗登藥山 俯其都邑 其人物之若馳若鶩者 撲地蠕蠕 若屯垤之蟻 可能一噓而散也 然復使邑人而望吾 則攀崿循巖 挧蘿緣樹 旣躋絶頂 妄自高大者 亦何異乎頭蝨之緣髮耶 今乃大言自況曰麋 何其愚也 宜其見笑於大方之家也 若復較其形之大小 辨所見之遠近 足下與僕皆妄也 麋果大於蠅矣 不有象乎蠅果小於麋矣 若視諸蟻 則象之於麋矣 今夫象立如室屋 行若風雨 耳若垂雲 眼如初月 趾間有泥 墳若邱壟蟻穴 其中占雨出陣 瞋雙眼而不見象何也 所見者遠故耳 象瞋一目而不見蟻 此無他 所見者近故耳 若使稍大眼目

者 復自百里之遠而望之 則窅窅玄玄 都無所見矣 安有所謂麋蠅蟻象之足辨哉

성지(誠之)[151]에게 보내는 편지

그의 말이 비록 속이는 것이라 해도 믿지 않을 수 없습니다. 그러니 미리부터 거짓이라 단정하지 말고 우선은 믿을 만하다고 인정해 주는 것이 어떻습니까? 이는 비유하자면 마치 거짓말쟁이가 꿈속 일을 이야기를 하는 것이나 마찬가지여서, 진짜라고 인정할 수는 없지만 그렇다고 거짓이라고도 말할 수 없습니다. 다른 사람의 꿈속을 한번 달려들어 가 볼 수는 없으니 말입니다.

與誠之

其言雖知虛詐而不可不信[152] 幸勿逆詐 姑許其可信如何 比如謊人說夢 不可認眞 亦不可道僞 他人夢裏 無可去走一遭

---

151) 성지(誠之) : 누구의 자(字)인지 분명하지 않다.

152) 불가불신(不可不信) : 저본에는 '불가신(不可信)'으로 되어 있으나, 《연암집》 총서에 의거해 '불가불신(不可不信)'으로 바로잡았다.

석치(石癡)153)에게 보내는 편지

    옛날에 원민손(袁愍孫)이 부 상시(傅常侍)의 청덕(淸德)을 칭송하면서, "그의 방문을 지날 때면 고요해 사람이 없는 듯하다가 휘장을 걷고 보면 그 사람이 거기에 있다"라고 했는데,154) 나는 매번 눈 속을 걸어가서 쪽문을 열고 매화를 찾을 때면155) 문득 부 상시의 맑은 덕을 느낍니다.

---

153) 석치(石癡) : 정철조(鄭喆朝, 1730~1781)의 호다. 자는 성백(誠伯)으로, 생을 마칠 때까지 왕의 초상화를 그리는 등 당대 제일의 화가로 활약했다.

154) 옛날에… 했는데 : '원민손'은 송나라 때 인물인 원찬(袁粲, 420~477)의 초명이며, '부 상시'는 양나라 때 산기상시(散騎常侍)를 지낸 부소(傅昭, 454~528)를 이른다. 《양서(梁書)》〈부소전(傅昭傳)〉에 남조(南朝)의 인물인 원찬이 단양윤(丹陽尹)으로 있을 때 부소를 고을의 주부(主簿)로 삼아 젊은이들을 가르치게 했고, 명제(明帝)가 붕어(崩御)했을 때는 원찬의 이름으로 올린 애책문(哀策文)의 절반을 부소에게 짓게 했다고 한다. 원찬은 매번 부소의 문을 지날 때마다 감탄하기를 "그 방문을 지날 때면 고요해 사람이 없는 듯하다가 휘장을 걷고 보면 그 사람이 거기에 있으니, 어찌 명현이 아니겠는가(經其戶 寂若無人 披其帷 其人斯在 豈非名賢)"라고 한 구절이 있다.

155) 눈… 때면 : 당나라 시인 맹호연(孟浩然)이 매화를 매우 사랑해

與石癡

昔袁愍孫 頌156)傅常侍淸德云 經其戶 闃若無人 披其帷 其
人斯在 吾每雪中步往 開閤尋梅 便覺常侍淸德

눈 내리는 가운데 나귀를 타고 매화를 찾아다니며 시를 지었다. 후에 많은 화가들이 이를 소재로 그림을 그려 '답설심매(踏雪尋梅)'라고 이름 붙였다. 소식(蘇軾)의 〈증사진하충수재(贈寫眞何充秀才)〉에 "그대는 또 못 보았는가, 눈 속에 나귀 탄 맹호연을. 시 읊느라 찌푸린 눈썹 산처럼 웅크린 두 어깨를(又不見雪中騎驢孟浩然? 皺眉吟詩肩聳山)"이라는 구절이 있다.

156) 송(頌) : 저본에는 '송(誦)'으로 되어 있으나, 《연암집》총서에 의거해 '송(頌)'으로 바로잡았다.

석치(石癡)에게 보내는 편지[두 번째]

"군자의 도는 담박하면서도 싫증이 나지 않고 간결하면서도 문채가 난다"¹⁵⁷⁾라고 했는데, 이 말은 바로 매화를 칭송한 것 같습니다. 소식(蘇軾)이 도연명(陶淵明)의 시를 논하면서 "질박한 듯하면서 문채가 나고 야윈 듯하면서 살이 쪘다"라고 했는데,¹⁵⁸⁾ 이를 가지고 매화에 빗대어

---

157) 군자의… 난다 : 《중용》에 "군자의 도는 담박하면서도 싫증 나지 않고 간결하면서도 문채 나며, 온화하면서도 조리가 있다(君子之道 淡而不厭 簡而文 溫而理)"라는 구절이 있다.

158) 소식(蘇軾)이… 했는데 : 소철(蘇轍)의 〈추화도연명시인(追和陶淵明詩引)〉에 "나는 시인 중에 그다지 좋아하는 사람이 없지만 유독 연명의 시만은 좋아한다. 연명은 시를 많이 짓지 않았다. 그러나 그 시가 질박한 듯하면서 문채가 나고 야윈 듯하면서 살이 쪘으니, 조식(曹植)·유정(劉楨)·포조(鮑照)·사영운(謝靈運)·이백(李白)·두보(杜甫) 등 여러 사람이 모두 따라갈 수가 없다(吾於詩人 無所甚好 獨好淵明之詩 淵明作詩不多 然其詩質而實綺 癯而實腴 自曹劉鮑謝李杜諸人皆莫及也)"라고 한 구절이 있다. 《추화도연명시》는 소식(蘇軾)이 도연명의 시에 차운(次韻)한 시집으로, 위의 인용문은 소식이 자신의 아우 소철에게 이 시집의 서문을 부탁하기 위해 쓴 편지에 실린 내용이다. 원문의 '자첨(子瞻)'은 소식(蘇軾)의 자다.

말하면 다시 더 평할 것이 없습니다.

與石癡[之二]

君子道 淡而不厭 簡而文 此語正爲梅花頌 子瞻論淵明詩
質而實綺 癯而自腴 以此擬梅 無用更評

석치에게 보내는 편지[세 번째]

옛날 이 학사(李學士)[159] 어른을 모시고 매화를 찾으러 계당(溪堂)으로 갔는데, 이 학사 어른이 위연(喟然)히 탄식하며, "곽유도(郭有道)는 도도하면서도 속세를 끊지 않았고,[160] 부흠지(傅欽之)는 맑으면서도 화려하지 않았다고 했는데,[161] 홀로 빼어난 매화꽃이 이 두 가지 덕을 모

---

159) 이 학사(李學士) : 홍문관교리를 지낸 이양천(李亮天, 1716~1755)을 가리키는데, 자는 공보(功甫)다. 박지원(朴趾源)의 장인인 이보천(李輔天)의 동생으로, 연암의 처삼촌이다. 시문(詩文)에 뛰어나 연암에게 문학을 지도했다.

160) 곽유도(郭有道)는… 않았고 : '유도'는 후한 때의 은사(隱士)인 곽태(郭太, 128~169)의 호로, 자는 임종(林宗)이다.《후한서》〈곽태열전(郭太列傳)〉에 어떤 사람이 "곽임종(郭林宗)은 어떤 사람인가?"라고 묻자, 범방이 "그는 세상을 피해 숨어도 개지추(介之推)처럼 어버이의 뜻을 어기지 않고, 절조가 곧아도 유하혜(柳下惠)처럼 속세와 단절하지 않으며, 천자도 신하로 삼을 수 없고, 제후도 벗으로 삼을 수 없다. 나는 그 밖의 것은 알지 못한다(隱不違親 貞不絶俗 天子不得臣 諸侯不得友 吾不知其他)"라고 대답한 구절이 있다.

161) 부흠지(傅欽之)는… 했는데 : '흠지'는 송나라 때 부요유(傅堯兪, 1024~1091)의 자다.《송사》〈부요유전(傅堯兪傳)〉에 사마광(司馬光)

두 갖추었을 것이라고는 생각지도 못했습니다"라고 하셨습니다.

與石癡[之三]

昔陪李學士丈 尋梅溪堂 李丈喟然嘆曰 郭有道162) 貞不絶俗 傅欽之 淸而不耀 不謂孤芳俱此二德

이 소옹(邵雍)에게 "맑고 강직하고 용맹한 덕은 사람들이 동시에 갖추기가 어려운 법인데 흠지(欽之)는 이 세 가지를 동시에 갖추고 있소"라고 하니, 소옹이, "흠지는 맑으면서도 화려하지 않고 강직하면서도 부딪치지 않고 용맹하면서도 온화하니, 이는 매우 어려운 일이오(欽之 淸而不耀 直而不激 勇而能溫 是以難耳)"라고 대답한 구절이 있다.

162) 유도(有道) : 저본에는 '유도(有道)'로 되어 있으나, 《연암집》총서에는 '임종(林宗)'으로 되어 있다.

석치에게 보내는 편지[네 번째]

《시경》과《서경》에는 매화를 언급하면서 열매만 말하고 꽃은 말하지 않았습니다.163) 우리가 지금 매화에 관한 시를 지으면서 향기를 평하고 빛깔을 서로 비교하며 꽃을 음미했는데 그것도 부족해 이어서 매화를 그리기도 했습니다. 화려한데 더 화려하게 그려 본래의 참모습과의 거리가 더욱 멀어지고 말았습니다. 일찍이 태산이 임방(林放)만 못하다고 생각하십니까?164)

---

163) 《시경》과… 않았습니다 : 《시경》〈소남(召南) 표유매(摽有梅)〉에 "떨어지는 매화여 그 열매가 일곱이로다 나를 구하는 서사는 좋은 시기를 놓치지 말라(摽有梅 其實七兮 求我庶士 迨其吉兮)"라고 했고,《서경》〈열명 하(說命下)〉에 "만약 내가 술을 만들거든 그대가 누룩의 역할을 해 주고, 내가 국을 끓이거든 그대가 소금과 매실의 역할을 해 주기 바란다(若作酒醴 爾惟麴糱 若作和羹 爾惟鹽梅)"라는 구절이 있다.

164) 일찍이… 생각하십니까? : 《논어(論語)》〈팔일(八佾)〉에 노(魯)나라 계씨(季氏)가 참람하게 태산에 여제(旅祭)를 지내려 하는데도 그의 가신인, 공자의 제자 염유(冉有)가 말리지 못하자 공자는 "일찍이 태산이 임방보다도 못하다고 생각하는가?(曾謂泰山不如林放乎)"라며 염유를 나무란 구절이 있다.

與石癡[之四]

詩書言梅 論實不論華 吾輩今作梅花詩 評香比色 咀英啜華之不足 又從而傳神寫影 華之又華 去眞逾遠 曾謂泰山 不如林放乎

어떤 사람에게 보내는 편지

    나는 집이 가난하고 꾀가 보잘것없어 생계를 꾸리는 데 방 공(龐公)을 배우고 싶지만 소계(蘇季)와 같은 한탄만 있을 뿐입니다.165) 허물을 벗는 것은 이슬을 마시는 매미보다 더디고 지조는 흙을 먹고 사는 지렁이에게 부끄러울 뿐입니다.166)

---

165) 방 공(龐公)을… 뿐입니다 : '방 공'은 후한 때 은자인 방덕공(龐德公)으로 그는 일찍이 가족을 거느리고 녹문산에 들어가서 약을 캐며 은거했다고 한다. '소계'는 전국 시대 유세객 소진(蘇秦)의 자로, '소계자(蘇季子)'라고도 한다. 소진이 조나라에서 벼슬살이를 하면서 흑초구(黑貂裘)와 황금(黃金) 100냥을 가지고 진(秦)나라 왕에게 합종책을 설득하러 가서, 글을 열 번이나 올려 유세를 했지만 진나라 왕이 받아들이지 않았다. 그렇게 오랜 시일이 지나자 흑초구는 해지고 황금은 바닥이 나, 결국 유세를 성공하지 못하고 돌아왔는데, 집에 오자 아내는 베틀에서 내려오지도 않았고 형수는 밥도 지어 주지 않았으며 부모는 소진에게 말도 걸지 않았다고 한다.

166) 허물을… 뿐입니다 : 《순자》〈대략(大略)〉에 "낡은 것을 버리고 새롭게 되는 것이 마치 매미가 허물 벗듯 한다(去故就新 若蟬之蛻也)"라는 구절이 있다. 《맹자》〈등 문공 하(滕文公下)〉에 맹자는 오릉중자(於陵仲子)가 청렴을 지키기 위해 인륜마저 저버림을 비판하면서 "오릉중자의 지조를 충족하자면 지렁이가 된 뒤라야 가능할 것이다. 지렁이는

옛날 매화 365그루를 심어 날마다 한 그루씩 세며 세월을 보낸 사람이 있었는데,167) 지금 저는 셋방에 몸을 붙이고 살고 있으면서 임포(林逋)가 살던 고산(孤山)과 같은 동산이 없으니, 장차 어찌하면 좋겠습니까?

연북(硯北)168)하는 어린 종이 손재주가 뛰어나 저 역시 때때로 그를 따라서 시간을 내어 그림을 그려 절지(折枝)169)의 매화를 만들곤 했습니다. 촛농은 꽃잎이 되고 고라니 털은 꽃술이 되고 부들 이삭에 붙은 노란 가루는 꽃술의 구슬이 되어, '윤회화(輪回花)'라고 이름을 붙였습니

위로는 마른 흙을 먹고 아래로는 지하수만을 마시고 산다(充仲子之操 則蚓而後可者也 夫蚓 上食槁壤 下飲黃泉)"라고 한 구절이 있다.

167) 옛날… 있었는데 : 《송사》〈임포열전(林逋列傳)〉에 송나라 은사(隱士)인 임포(林逋, 967~1028)는 박학하고 시와 서법에 통달했으나 일생 벼슬하지 않고 독신으로 지냈으며, 항주(杭州) 서호(西湖)에 있는 고산(孤山)에 매화 300그루를 심고 학을 길러, 사람들이 '매처학자(梅妻鶴子)'라고 불렸다고 한다.

168) 연북(硯北) : 책상을 남쪽으로 향해 놓을 때 벼루의 북쪽에 앉거나 저작에 종사함을 이른다. 여기서는 인공으로 매화를 만드는 것을 이른다.

169) 절지(折枝) : 원래는 화초를 그리는 방법으로 하나로, 전체를 그리지 않고 이어진 가지의 부분만을 잘라 그리는 방법을 이른다. 여기서는 인공으로 매화를 만드는 방법을 이른다.

다. '윤회'라고 이름을 붙인 이유는, 무릇 나무에 붙어 있는 생화(生花)가 밀랍이라는 것을 어찌 알며, 벌집에 있는 밀랍이 꽃이 될 줄 어찌 알겠습니까? 그렇지만 노전(魯錢)과 원이(猿耳)[170]는 꽃봉오리가 자연스럽게 완성되었고 규경(窺鏡)과 영풍(迎風)[171]은 모양이 아주 자연스럽습니다. 오직 땅에 박혀 있지 않을 뿐 자연스러움을 볼 수 있습니다. 황혼 때 달 아래에서 비록 그윽한 향기는 풍기지 않지만 눈 가득한 산중에 고사(高士)가 누워 있는 모습을 상상하기에 충분합니다.

그대에게 먼저 매화 가지 하나를 팔아서 그 값을 매기려고 합니다. 만약 그 가지가 가지를 닮지 않았거나, 꽃이 꽃을 닮지 않았거나, 꽃술이 꽃술을 닮지 않았거나, 꽃술

---

170) 노전(魯錢)과 원이(猿耳) : 《청장관전서(靑莊館全書)》〈윤회매십전(輪回梅十箋) 오지화(五之花)〉에 꽃잎 다섯 개가 말려 있고 꽃술이 나와 있지 않은 매화를 '옛 노전[古魯錢]'이라 하고, 꽃잎 세 개는 떨어지고 남은 두 개도 떨어지려 하나 꽃술만은 싱싱한 매화를 '원이'라고 했다.

171) 규경(窺鏡)과 영풍(迎風) : 《청장관전서》〈윤회매십전 오지화〉에 꽃잎 다섯 개가 만개한 것을 '규경' 또는 '영면(迎面)'이라 했다. '영풍'은 '영면'과 같은 것으로 추정된다.

의 구슬이 구슬을 닮지 않았거나, 상 위에 놓아도 광채가 나지 않거나, 촛불 아래서도 선명하지 않거나, 거문고와 짝해도 기이하지 않거나, 시에 넣어도 운치 나지 않거나, 이 가운데 한 가지라도 해당이 된다면 영원히 물리쳐 버려도 끝내 원망하는 말을 하지 않을 것입니다. 이만 줄입니다.

與人

僕家貧172) 計拙營生 欲學龐公 歎同蘇季 蛻遲吸露之蟬 操慙飮壤之蚓　昔有173)樹梅三百六十五本　日以一樹自度者174) 今僕學之 無孤山之園175) 其將若之何176) 硯北小僮

---

172) 복가빈(僕家貧) : 《청장관전서》〈윤회매십전 팔지첩(八之帖)〉에 동일한 내용의 편지가 실려 있다. 이곳에는 '복가빈(僕家貧)' 앞에 '언젠가 꽃 19송이와 함께 관재(觀齋)에게 편지를 보내 말하기를[甞以十九花 貽書觀齋曰]'이라는 구절이 추가되어 있다.

173) 석유(昔有) : 저본에는 '석유(昔有)'로 되어 있으나, 《청장관전서》〈윤회매십전 팔지첩〉에는 '석임화정(昔林和靖)'으로 되어 있다.

174) 자(者) : 저본에는 '자(者)' 자가 있으나, 《청장관전서》〈윤회매십전 팔지첩〉에는 '자(者)' 자가 없다.

175) 학지 무고산지원(學之 無孤山之園) : 저본에는 '기신추옥 원무고산(寄身僦屋 園無孤山)'으로 되어 있으나, 《청장관전서》〈윤회매십전

善作折枝之梅177) 燭淚成瓣 鬓毛爲蘂 蘸以蒲黃178) 爲名輪回花 何謂輪回 夫生花在樹 安知爲蠟 蠟在蜂房 安知爲花 然而179)魯錢猿耳 菩蕾天成 窺鏡迎風 體勢自然 惟其不根於地 乃見其天 黃昏月下 雖無暗香之動 雪滿山中 足想高士之臥 願從足下 先售一枝 以第其價 若枝不如枝 花不如花 蘂不如蘂 珠不如珠 牀上不輝 燭下不踈 伴琴不奇 入詩不韻 有一於此 永賜斥退 終無怨言 不宣180)

팔지첩〉에는 '학지 무고산지원(學之 無孤山之園)'으로 되어 있다.

176) 기장약지하(其將若之何) : 저본에는 '장약지하(將若之何)'로 되어 있으나, 《청장관전서》〈윤회매십전 팔지첩〉에는 '기장약지하(其將若之何)'로 되어 있다.

177) 선작절지지매(善作折枝之梅) : 저본에는 '수예공현 복역시종 투가연전 매성절지(手藝工玄 僕亦時從 偸暇硯田 梅成折枝)'로 되어 있으나, 《청장관전서》〈윤회매십전 팔지첩〉에는 '선작절지지매(善作折枝之梅)'로 되어 있다.

178) 잠이포황(蘸以蒲黃) : 저본에는 '포황위주(蒲黃爲珠)'로 되어 있으나, 《청장관전서》〈윤회매십전 팔지첩〉에는 '잠이포황(蘸以蒲黃)'으로 되어 있다.

179) 위명윤회화 … 연이(爲名輪回花 … 然而) : 저본에는 '위명윤회화 하위윤회 부생화재수 안지위랍 납재봉방 안지위화 연이(爲名輪回花 何謂輪回 夫生花在樹 安知爲蠟 蠟在蜂房 安知爲花 然而)'로 되어 있으나, 《청장관전서》〈윤회매십전 팔지첩〉에는 이 부분이 없다.

180) 이제기가 … 불선(以第其價 … 不宣) : 저본에는 '이제기가 약지불여지 화불여화 예불여예 주불여주 상상불휘 촉하불소 반금불기 입시

불운 유일어차 영사척퇴 종무원언 불선(以第其價 若枝不如枝 花不如 花 蘂不如蘂 珠不如珠 牀上不輝 燭下不跿 伴琴不奇 入詩不韻 有一於 此 永賜斥退 終無怨言 不宣)'으로 되어 있으나,《청장관전서》〈윤회매 십전 팔지첩〉에는 '이제가지고하 유족하도지 관재이십구문매지 작권 문 첩기첩이필 정묘입신 도장 인기봉(以第價之高下 惟足下圖之 觀齋 以十九文買之 作券文 貼其帖以筆 精妙入神 圖章 印其縫)'으로 되어 있 다.

아무개에게 보내는 편지

다른 사람에게 첫 손님으로 가면, 반드시 낯섦과 옛 모습을 가져야지 친숙하거나 다정한 듯한 태도는 짓지 말아야 합니다. "손을 씻고 국을 끓여 먼저 시누이를 불러 맛보게 한다"181) 했는데, 이 시를 지은 이는 아마 예(禮)를 아는 사람일 것입니다. 태묘(太廟)에 들어서는 모든 일을 반드시 물어야 하는 법입니다.182)

與某

初客他人 須存生澁故態 勿爲練熟多情 洗手作羹 先嘗小姑

---

181) 손을… 한다 : 당나라 왕건(王建)의 〈신가랑(新嫁娘)〉에 "시집온 지 사흘 지나 부엌에 가서, 손을 씻고 국을 끓였네. 시어머니 식성을 아직 모르니, 먼저 시누이에게 맛보게 했네(三日入廚下 洗手作羹湯 未諳 姑食性 先見小姑嘗)"라는 구절이 있다.

182) 태묘(太廟)에… 법입니다 : 《논어》〈팔일(八佾)〉에 공자가 태묘에 들어가 매사를 묻자, 어떤 사람이 "누가 추 땅 사람의 아들을 두고 예를 안다고 하는가? 태묘에 들어가 매사를 묻는구나(孰謂鄹人之子知禮乎 入太廟 每事問)"라고 했는데 공자가 이 말을 듣고 "이것이 바로 예다(是禮也)"라고 한 구절이 있다.

作此詩者 其知禮乎 入太廟 每事必問

아무개에게 보내는 편지[두 번째]

　시골 사람이 서울 사람 흉내를 내 보아도 결국 시골 사람입니다. 이를 비유하자면 술 취한 사람이 아무리 정색을 해 보아도 취한 짓을 하니, 이를 몰라서는 안 됩니다.

與某[之二]
鄕人京態 摠是鄕闇 譬如醉客正色 無非醉事 不可不知

군수(君受)[183]에게 보내는 답장

　보내 준 글은 마치 몰골도(沒骨圖)[184]와 같습니다. 착색의 농도를 달리해야 눈썹과 눈을 구분할 수 있습니다.

答君受

寄示文 譬如沒骨圖 著色有淺深 然後可辨眉眼

---

183) 군수(君受) : 누구인지 자세하지 않다.

184) 몰골도(沒骨圖) : 동양화에서 윤곽선을 그리지 않고 먹물이나 물감을 찍어서 한 붓에 그리는 기법을 이른다.

중존(仲存)185)에게 보내는 편지

　매탕(梅宕)186)의 미치광이병이 틀림없이 발작했는데 그대는 아시는지요? 그가 장연(長淵)에 있을 때 일찍이 금사산(金沙山)에 올라 큰 바다가 하늘에 닿을 듯한 것을 보고 스스로 자신이 매우 작은 존재라는 것을 깨닫자 갑자기 수심이 생겨서 마침내 탄식하기를 "가령 탄환만 한 작은 섬이 여러 해 기근이 들었고 풍파가 하늘까지 닿아 구제하는 물자나 곡식도 보내지 못한다면 이를 어찌하겠습니까? 해적들이 몰래 일어나 바람 따라 돛을 올리고 쳐들어오는데 달아날 곳도 없으니 이를 어찌하겠습니까? 용, 고래, 악어, 이무기가 육지에 올라와 알을 까고 마치 마을 씹듯 사

---

185) 중존(仲存) : 연암의 처남인 이재성(李在誠, 1751~1809)의 자다. 호는 지계(芝溪)다.
186) 매탕(梅宕) : 이덕무(李德懋, 1741~1793)의 또 다른 호다. 그는 1768년 음력 10월 한양에서 황해도 장연(長淵)의 조니진(助泥鎭)까지 다녀온 여행 일기인 〈서해여언(西海旅言)〉을 썼다. 〈서해여언〉 10월 12일 조에 조니진에 머물면서 장산곶(長山串)의 사봉(沙峯), 즉 금사산(金沙山)에 올라 바다를 바라본 내용이 나온다. 이를 연암이 인용한 것이다.

람을 잡아먹는다면 어찌하겠습니까? 바다의 파도가 크게 넘쳐 바닷가 마을을 갑자기 덮친다면 어찌하겠습니까? 바닷물이 멀리 밀려가 하루아침에 물길이 끊어지고 높은 언덕에 외로운 뿌리가 앙상하게 밑을 드러낸다면 어찌하겠습니까? 파도가 섬의 밑부분을 갉아먹어 오랫동안 부딪쳐서 흙이나 돌도 견디기 어려워 물살에 쓸려 무너지고 만다면 어찌하겠습니까?"라고 했습니다.

그가 이처럼 의심하고 염려하니 미치지 않고 어찌하겠습니까? 밤에 그의 말을 듣고 저도 모르게 포복절도해 손 가는 대로 써서 보냅니다.

與仲存

梅宕 必發狂疾 君知之乎 其在長淵 常登金沙山 大海拍天 自覺渺小 莽然生愁 乃發歎曰 假令彈丸小島 饑饉頻年 風濤黏天 不通賑貸 當奈何 海寇竊發 便風擧帆 逃遁無地 當奈何 龍鯨鼉蜃 緣陸而卵 噉人如麻 當柰何 海濤盪溢 渰覆邨閭 當柰何 海水遠移 一朝斷流 孤根高峙 嶷然見底 當柰何 波齧島根 潏汨旣久 土石難支 隨流而圮 當柰何 其疑慮如此 不狂而何 夜聽其言 不覺絶倒 信手錄去[187]

187) 매탕(梅宕)… 신수록거(信手錄去) : 《청장관전서(靑莊館全書)》

〈서해유언(西海旅言)〉에는 "등고망원 익각묘소 망연생수 불가자비 이비피도인 가령탄환소지 기근빈년 풍도점천 불통진대 당내하 해구절발 편풍거범 도둔무지 진피도륙 당내하 용경타신 연륙이란 악치독미 담인여자 당내하 해신혁노 파도일탕 엄복촌려 일척무유 당내하 해수원이 일조단류 고근고치 억연견저 당내하 파교도근 흡율기구 토석난지 수류이비 당내하 객왈 도인무양 이자선위의 풍지촉의 산장이의 여내하립평지 소요이귀(登高望遠 益覺渺小 莽然生愁 不暇自悲 而悲彼島人 假令彈丸小地 飢饉頻年 風濤粘天 不通賑貸 當奈何 海冠窃發 便風擧帆 逃遁無地 盡被屠戮 當奈何 龍鯨鼉蜃 緣陸而卵 惡齒毒尾 噉人如蔗 當奈何 海神赫怒 波濤溢盪 淨覆村閭 一滌無遺 當奈何 海水遠移 一朝斷流 孤根高峙 巍然見底 當奈何 波嚙島根 㵋汨旣久 土石難支 隨流而圮 當奈何 客曰 島人無恙 而子先危矣 風之觸矣 山將移矣 余廼下立平地 逍遙而歸)"로 되어 있다.

경보(敬甫)[188]에게 보내는 편지

 공교롭고도 묘합니다. 이 같은 인연으로 한데 만났으니 말입니다. 도대체 누가 이런 기회를 주관했는지요? 그대는 저보다 먼저 나지도 않았고 저는 그대보다 늦게 나지도 않아 두 사람 모두 같은 세상에 태어났고, 그대는 이면(劓面)하지도 않았고 저는 조제(雕題)하지도[189] 않고 같은 나라에 태어났습니다. 그대는 남쪽에 살지 않고 저는 북쪽에 살지 않아 두 사람 모두 같은 마을에 집을 짓고 살았고, 그대는 무(武)를 업으로 삼지 않고 나는 농사를 배우지 않고 함께 사문(斯文)에 종사하고 있으니, 큰 인연이고 큰 기회입니다. 그렇지만 말을 구차스럽게 동조하려 하거나 일에 구차스럽게 맞추려고 하기보다는 차라리 천

---

188) 경보(敬甫) : 누구인지 자세하지 않다.
189) 이면(劓面)하지도… 조제(雕題)하지도 : '이면'은 칼로 얼굴을 긋는 것을 이른다. 고대 흉노족이나 회골족(回鶻族)이 초상을 당했을 때 슬픔을 표시하기 위해 하던 행위로, 성심(誠心)이나 결심을 표시하기도 한다. '조제'는 이마에 문신을 새기는 것을 이른다. 중국 고대 남방에 살던 소수 민족의 풍속이다.

고의 옛사람을 벗하거나 백세가 지난 뒤에도 미혹이 일지 않게 하는 것이 낫지 않겠습니까?[190]

與敬甫

巧哉妙哉 此緣因湊合 孰執其機 君不先吾 吾不後子 並生一世 子不劈面 我不離題 並生一國 子不居南 我不居北 幷家一里 子不業武 我不學圃 同爲斯文 此大因緣 大期會也 雖然 言若苟同 事若苟合 無寧尙友於千古 不惑於百世

---

190) 백세가… 않겠습니까 : 《중용》에 군자의 도는 "백세 후에 성인을 기다려도 미혹되지 않는다(百世以俟聖人而不惑)"라는 구절이 있다.

경보에게 보내는 편지[두 번째]

 안회(顔回)처럼 누추한 마을에 살면서, 그가 즐거워한 바가 무슨 일인지를 탐구하고 있습니다.191) 원헌(原憲)은 오두막에서 살면서, "병에 걸린 것이 아니라 가난한 것일 뿐입니다"라고 말했습니다.192)

 원숭이를 기르는 사람이 도토리를 아침에는 세 개씩

---

191) 안회(顔回)처럼… 있습니다 : 《논어》〈옹야(雍也)〉에 "어질구나 안회여! 한 대그릇의 밥과 한 표주박의 마실 것으로 누추한 마을에 사는 고생을 다른 사람들은 그 근심을 견디지 못하거늘 안회는 그 즐거움을 고치지 않았으니, 어질구나 안회여!(賢哉回也 一簞食一瓢飮在陋巷 人不堪其憂 回也不改其樂 賢哉回也)"라는 구절이 있다.

192) 원헌(原憲)은… 말했습니다 : 원헌이 노(魯)나라에서 다 쓰러져가는 집에서 몹시 곤궁하게 살았는데, 어느 날 자공(子貢)이 좋은 수레를 타고 화려한 차림을 하고서 찾아오자, 원헌이 지팡이를 짚고 문에 나와 맞이했다. 이에 자공이 "아, 선생은 어찌하여 이렇게 병이 들었습니까?"라고 하자, 원헌이 답하기를 "내가 듣건대 재물이 없는 것을 가난이라 하고, 배우고서도 그대로 실행하지 못하는 것을 병이라 한다 했소. 지금 나는 가난한 것이지 병든 것이 아니라오(憲聞之 無財謂之貧 學而不能行謂之病 今憲貧也 非病也)"라고 하니, 자공이 부끄러운 기색을 띠었다는 구절이 《장자》〈양왕(讓王)〉에 있다.

주고 저녁에는 네 개씩 주니, 도토리를 주고서도 원숭이들을 화나게 만들었습니다.[193] 그리고 맹자는 한 나라로 여덟 나라를 굴복시키려는 것을 나무에 올라가 물고기를 구하는 짓에 비유했습니다.[194]

그대는 날마다 발전하십시오. 저도 날마다 매진하겠습니다.[195]

與敬甫[之二]

顔回陋巷 問所樂之何事 原憲蓬廬曰 非病而乃貧 朝三暮四 旣賦芧而怒狙 以一服八 況緣木而求魚 爾日斯征 我日斯邁

---

193) 원숭이를… 만들었습니다 : 《장자》〈제물론(齊物論)〉에 나오는 내용이다.

194) 맹자는… 비유했습니다 : 《맹자》〈양혜왕 상(梁惠王上)〉에 "사해 안에 땅이 사방 1000리인 나라가 아홉입니다. 제나라는 그중 하나를 가진 것입니다. 하나로써 여덟을 굴복시키는 것이 어찌 저 작은 추나라가 초나라를 대적하는 것과 다름이 있겠습니까?(海內之地方千里者九 齊集有其一 以一服八 何以異於鄒敵楚哉)"라는 구절이 있다.

195) 저도 날마다 매진하겠습니다 : 《시경》〈소아(小雅) 소완(小宛)〉에 "내 날로 매진하거든 너도 달로 나아가라. 일찍 일어나고 밤늦게 자서 너를 낳아 주신 분을 욕되게 하지 말라(我日斯邁 而月斯征 夙興夜寐 無忝爾所生)"라는 구절이 있다.

원심재(遠心齋)[196]에게 보내는 편지

혜풍(惠風)[197]의 집에 《속백호통(續白虎通)》이 있는데 한나라 반표(班彪)가 짓고 진(晉)나라 최표(崔豹)가 주석을 달고 명(明)나라 당인(唐寅)이 평을 한 것입니다. 그래서 저는 기서(奇書)라 여기고 소매에 넣고 집으로 돌아와 등잔 밑에서 자세히 살펴보니, 혜풍이 스스로 범에 관한 이야기를 모아서 한 번 웃을 만한 거리로 삼은 것이었습니다. 그러니 저는 자질이 우둔하다고 할 만합니다. 당인(唐寅)의 자가 백호(伯虎)여서 그런 것이었습니다. 그렇지만 한 번 웃을 만한 거리로 읽기에는 충분할 것이니, 보고 나서 바로 돌려주기 바랍니다.

---

196) 원심재(遠心齋) : 누구인지 자세하지 않다.
197) 혜풍(惠風) : 유득공(柳得恭, 1748~1807)의 자다. 또 다른 자는 혜보(惠甫)이고, 호는 영재(泠齋)·영암(泠菴)·가상루(歌商樓)·고운거사(古芸居士)·고운당(古芸堂)·은휘당(恩暉堂)이다. 조선 정조 때의 북학파(北學派) 학자이자 '규장각(奎章閣) 4검서(檢書)' 중 한 사람이다. 저서로 《경도잡지(京都雜志)》, 《발해고(渤海考)》 등이 있다.

與遠心齋

惠風家 有續白虎通 漢班彪撰 晉崔豹注 明唐寅評 僕以爲奇書袖歸 燈下細閱 乃惠風自集虎說 以資解頤 僕可謂鈍根 唐寅字伯虎故耳 雖然 可博一粲 覽已 可卽還投

초책(楚幘)[198]에게 보내는 편지

그대는 신령한 지각과 기민한 깨달음이 있다고 해서 남에게 교만하거나 다른 사람을 업신여겨서는 안 됩니다. 저들에게 만약 한 부분의 신령한 깨달음이 있다면 어찌 스스로 부끄럽게 여기지 않을 것이며, 만약 저들에게 신령한 지각이 없다면 교만하고 업신여긴들 무슨 보탬이 되겠습니까?

우리는 냄새나는 가죽 자루 속에 몇 개의 문자를 터득한 것이 남들보다 조금 많은 데 불과할 뿐입니다. 그러니 저 나무에서 매미가 울고 굴속에서 지렁이가 우는 것도 시를 읊고 책을 읽는 소리가 아님을 어찌 알겠습니까?

與楚幘

足下無以靈覺機悟 驕人而蔑物 彼若亦有一部靈悟 豈不自羞 若無靈覺 驕蔑何益 吾輩臭皮帒中 裹得幾箇字 不過稍多於人耳 彼蟬噪於樹 蚓鳴於竅 亦安知非誦詩讀書之聲耶

---

[198] 초책(楚幘) : 누구인지 자세하지 않다.

성백(成伯)199)에게 보내는 편지

문 앞 빚쟁이는 기러기처럼 줄을 섰고
방 안 취한 사람 어관(魚貫)200)처럼 잠을 자네201)

門前債客鴈行立 屋裡醉人魚貫眠

---

199) 성백(成伯) : 서중수(徐重修, 1734~1812)의 자. 그는 연암의 둘째 누님의 남편으로 진사에 급제 후 강화부경력(江華府經歷)을 지냈다.

200) 어관(魚貫) : 물고기가 줄을 지어 헤엄치는 것을 이른다. 《삼국지》 〈위지(魏志) 등예전(鄧艾傳)〉에 "장사들은 모두 나무를 부여잡고 벼랑을 오르고 마치 물고기가 줄을 지어 헤엄치듯 나아갔다(將士 皆攀木緣崖 魚貫而進)"라는 구절이 있다.

201) 문… 자네 : 《청장관전서(青莊館全書)》 〈이목구심서 6(耳目口心書 6)〉에 "문 앞 빚쟁이들이 기러기처럼 줄을 섰고 방 안 취한 사람 어관처럼 잠을 자네(門前債客鴈行立 屋內酒人魚貴眠)"라는 한 글자[內]만 다른 시가 실려 있다. 위 시는 당나라 시인 이파(李播, ?~789)의 〈현지(見志)〉라는 시로, 전문은 다음과 같다. "작년에 산 금(琴)값 아직 내지 않았고, 올해 산 술값도 돌려주지 않으니, 문 앞 빚쟁이는 기러기처럼 줄 서 있고, 방 안 취한 사람 어관처럼 잠을 자네(去歲買琴不與價 今年沽酒未還錢 門前債主雁行立 屋裡醉人魚貫眠)."

이 시는 당나라 때 큰 호걸202)이 지은 시입니다. 지금 저는 찬방에 외로이 지내면서 담담한 것이 마치 선정에 든 승려와 같습니다. 다만 문 앞에 기러기처럼 줄 선 사람들은 두 눈이 가증스럽습니다. 매번 비굴하게 말할 때면 도리어 등(滕)·설(薛)의 대부203)를 생각할 뿐입니다.

與成伯

門前債客鴈行立 屋裡醉人魚貫眠 此唐時大豪傑男子漢 今僕孤棲寒齋 淡如定僧 而但門前鴈立者 雙眼可憎 每卑辭之時 還念滕薛之大夫

---

202) 당나라 때 큰 호걸 : 당나라 시인 이파(李播)를 이른다. 유우석(劉禹錫)과 백거이(白居易)에게 시로 칭송을 받았다.

203) 등(滕)·설(薛)의 대부 : 《논어》〈헌문(憲問)〉에 공자가 "맹공작이 조씨와 위씨의 가신(家臣) 우두머리가 되기에는 넉넉하지만 등나라와 설나라의 대부가 될 수는 없다(孟公綽爲趙魏老則優 不可以爲滕薛大夫)"라고 한 구절이 있다. 연암이 자신은 가난하지만 등나라와 설나라의 대부에 견줄 만하다고 자부한 것이다.

성백에게 보내는 편지[두 번째]

　제가 스무 살 되던 때 〈설날 아침에 거울을 마주 보며(元朝對鏡)〉204)라는 시를 지었습니다.

　갑자기 몇 가닥 수염이 났지만
　육 척의 몸이 커진 것은 아니라네
　거울 속 내 모습은 해를 따라 바뀌어 가도
　철부지 마음은 지난해 그대로라네

　　忽然添得數莖鬚　全不加長六尺軀
　　鏡裡容顔隨歲異　穉心猶自去年吾

　이 시는 대개 처음 턱 밑에 드문드문 난 짧은 수염을 보고 기뻐서 지은 것입니다. 이후 6년이 지나 북한산에서 글을 읽는데 납창(蠟窓)205)의 아침 햇살이 환히 들어 거울을

---

204) 〈설날 아침에 거울을 마주 보며(元朝對鏡)〉:《연암집》〈영대정잡영(映帶亭雜咏)〉에 실려 있다.

마주하고 이리저리 돌아보니 양쪽 귀밑에 은실 몇 가닥이 비쳤습니다. 그래서 스스로 기쁨을 이기지 못하고 시를 지을 재료를 얻었다고 생각하고 아까워 뽑아 버리지 않았습니다. 지금 다시 5년이 지나니 앞에서 말했던 시의 재료라는 것은 어지럽게 헝클어지고, 턱밑에 드문드문 났던 수염은 물고기 아가미처럼 뻣뻣해, 어린 시절 철부지 마음을 되돌아보면 저도 모르게 피식 웃곤 합니다. 만약 일찍이 이럴 줄 알았더라면 아무리 새 시 몇백 편을 얻는다고 하더라도, 어찌 스스로 기뻐하면서 남들이 알아주지 않을까 걱정했겠습니까?

우리가 만약 말을 타고 문을 나서려고 하면 이는 용문(龍門)에 오르는 것보다 어려우니[206] 어느 때에 서로 만날 수 있겠습니까? 생각날 때 곧바로 가야 하는데 돌도 녹을

---

205) 납창(蠟窓) : 밀랍 종이를 바른 창을 이른다.

206) 용문(龍門)에 오르는 것보다 어려우니 : '용문'은 중국 황하(黃河)의 상류 지역에 있는 지명인데, 이곳은 세 층으로 이루어진 여울이 있어 물살이 매우 험하기로 유명한 곳이다. 잉어가 이 용문을 올라가면 용이 된다는 말이 전한다. 후한(後漢) 때 이응(李膺)이 높은 명망을 지니고 있었는데, 그가 불러 등용한 선비들을 보고는 사람들이 "용문(龍門)에 올랐다"라고 했다.

정도로 지독한 가뭄이 들고 바람 먼지가 얼굴을 덮칠 뿐 아니라, 그대는 더위에 시달리는 백성을 위해 부채질하며 애쓰고 있고[207] 저는 하마(下馬)를 해야 하니 이것이 난감합니다. 이를 어찌해야 하겠습니까?

與成伯[之二]

僕年二十時 元朝對鏡云 忽然添得數莖鬚 全不加長六尺軀 鏡裡容顔隨歲異 穉心猶自去年吾 蓋初見頤下鬖鬖短髭 喜而著之也 其後六年 讀書北漢 蠟牕朝旭 對鏡顧眄 雙鬢忽映 數莖銀絲 喜不自勝 以爲添得詩料 愛不鑷去 今復五年 所謂詩料不禁撩亂 頤底鬖鬖者 强如魚鰓 回思年少癡心 不覺齒冷 若早知如此 雖得新詩幾多百篇 安肯自喜 猶恐人之不知耶 吾輩若要乘馬出門 難於登龍 相逢何時 意至便去 而但亢暵焦石 風塵撲面 而貴人喝扇 侍生下騎 是爲難堪 奈何奈何

---

207) 더위에… 있고 : 훌륭한 덕을 베푸는 것을 비유해 이르는 말이다. 《회남자》〈인간훈(人間訓)〉에 "주나라 무왕이 더위 먹은 사람을 나무 숲 그늘 아래로 옮기고는, 왼손으로 껴안고 오른손으로 부채질을 해 주니, 천하 사람들이 그 덕에 귀의했다(武王蔭暍人於樾下 左擁而右扇之 而天下懷其德)"라는 구절이 있다.

종형(從兄)[208]에게 올리는 편지

　사람들이 혹독한 더위와 모진 추위를 만나면 어떻게 대처해야 할지 방법을 모르고 있습니다. 옷을 벗어 부채질해도 불꽃같은 더위를 견디지 못하면 더욱 덥기만 하고, 화롯불을 쪼이거나 털배자를 입어도 추위를 견디지 못하면 더욱 춥기만 하니, 독서에 몰두하는 것만 한 것이 없습니다. 중요한 것은 자기 가슴속에서 추위와 더위를 만들지 말아야 하는 것입니다.

上從兄

人於酷暑嚴沍 不識處之之道 脫衣揮箑 不勝炎熱則逾熱 炙爐襲裘 不禁寒栗則逾冷 不如着心讀書 要之自家胷中 不作寒熱

---

208) 종형(從兄) : 누구인지 자세하지 않다.

종형에게 올리는 편지[두 번째]

 이른바 이광(李廣)은 운명이 기구해209) 편장(偏將)과 비장(裨將)들도 모두 후(侯)에 봉해졌습니다. 그렇다고 추운 날씨에 짧은 베옷 차림으로 옷자락을 끌고 어느 왕공(王公)의 문하를 쫓아다녔겠습니까?

 찾으시는 문편(文編)을 드리기는 하지만, 제왕(齊王)의 문 앞에서 거문고를 잡고 있는 격이어서 재주를 파는 방법을 몰라 비웃음을 살 뿐이고,210) 초나라 궁궐에 옥을

---

209) 이광(李廣)은 운명이 기구해 :《한서》〈이광전(李廣傳)〉에 "대장군이 은밀히 상의 뜻을 받아서 '이광은 운수가 기박하니, 선우(單于)를 맞아 싸우게 하지 말라. 하고자 하는 바를 이루지 못할까 염려된다'고 했다"라고 한 데서 온 말이다. 왕유(王維)의 〈노장행(老將行)〉에 "위청이 패하지 않음은 천행으로 말미암았고, 이광이 공 못 세움은 운수가 기박한 때문이었네(衛靑不敗由天幸 李廣無功緣數奇)"라고 한 구절이 있다. 수하의 편장과 비장들도 모두 후에 봉해졌지만 이광만은 공을 제대로 인정받지 못한 것을 이른다.

210) 제왕(齊王)의… 뿐이고 :《한창려문집》〈답진상서(答陳商書)〉에 전국 시대 때 금(琴)을 잘 타는 사람이 제나라에서 벼슬을 하기 위해 금을 들고 제나라 왕을 찾아가 3년 동안이나 왕을 만나려 했으나 되지 않았다. 어떤 자가 꾸짖기를 "왕은 피리를 좋아하시는데 그대는 비파를

바치는 격이어서 발뒤꿈치가 잘려 후회하지 않을지 두렵습니다.[211]

上從兄[之二]

所謂李廣數奇 偏裨盡矣 短褐天寒 曳裾何門 俯索文編 謹玆奉獻 而但操瑟齊門 笑售技之昧方 獻玉楚宮 恐遭刖而靡悔

두드리니 재주가 아무리 뛰어나더라도 왕이 좋아하지 않는 판에 어찌하겠는가?"라고 했다.

211) 초나라… 두렵습니다 : 《한비자》〈화씨(和氏)〉에 나오는 이야기다. 춘추 시대에 초나라 사람 변화(卞和)가 형산(荊山)에서 박옥(璞玉)을 얻어 초나라 여왕(厲王)에게 바쳤는데, 여왕은 가짜라 해서 그의 왼발을 베었다. 그 뒤에 무왕(武王)에게 바쳤는데, 무왕 역시 알아보지 못하고 변화의 오른발을 베었다. 그 뒤에 문왕(文王) 때 변화가 박옥을 안고 사흘 밤낮을 피눈물을 흘리며 울자, 문왕이 옥인에게 쪼아 보게 했더니, 과연 보옥이 나왔다.

대호(大瓠)212)에게 보내는 답장

　보내 주신 〈원관루부(遠觀樓賦)〉는 거침없이 치달리는 표현이 너무 지나쳐 의제를 돌아보지 않았습니다. 이는 초상화를 그릴 때 본모습에서 털끝만큼도 어긋남이 없이 정신까지 표현해야 하는 것213)과 같습니다. 그런데 만약 '아무개의 초상화'라는 제목을 붙이지 않으면 마침내 누구인지조차 알지 못한다면 이는 오히려 불가합니다. 더구나 녹야당(綠野堂) 안의 사람을 그리면서 피부와 눈썹을 희고 선명하게 고쳐서 그려 놓는다면, 비록 걸어 놓고 보기에는 좋겠지만 배도(裵度)가 곽광(霍光)과 무슨 관계가 있단 말입니까?214)

212) 대호(大瓠) : 누구의 호인지 자세하지 않다.

213) 초상화를… 것 : 원문은 '전신사영(傳神寫影)', '전신사조(傳神寫照)'와 같은 말로, 그림 속에 표현된 살아 있는 정신을 말한다. 《진서》〈고개지열전(顧愷之列傳)〉에 진(晉)나라의 화가 고개지(顧愷之)가 초상화를 그리면서 몇 년 동안 눈동자를 찍지 않았는데 그 이유를 물으니, "정신을 불어넣어 진실하게 묘사하는 것은 바로 눈동자에 있기 때문이다(傳神寫照 正在阿堵中)"라고 대답한 데서 유래했다.

答大瓠

寄示遠觀樓賦 太馳騖橫肆 不顧題義 譬如傳神寫影 無一毫差爽 而若不題某公眞 竟不識何人 此猶不可 況復畵綠野堂中之人 而更摹白皙疎眉目 雖好掛觀 裴霍何有

214) 녹야당(綠野堂)… 말입니까? : '녹야당'은 배도의 별장이다. 《신당서》〈배도열전(裴度列傳)〉에 배도가 만년에 환관(宦官)이 정권을 농락하자 벼슬을 그만두고 낙양(洛陽)으로 물러가 살았는데, 오교(午橋)에다 별장을 지어 꽃나무 1만 그루를 심어 놓은 다음 '녹야당'이라 이름하고 백거이(白居易)·유우석(劉禹錫) 등과 같이 밤낮으로 즐기면서 세속의 일을 물어보지 않았다는 이야기가 나온다. '곽광'은 《한서》〈곽광열전(霍光列傳)〉에 '키는 겨우 일곱 자 세 치밖에 되지 않았지만 얼굴이 희고 눈과 눈썹이 수려하며 수염이 아름다웠다'라고 했다.

대호에게 보내는 답장[두 번째]

 요구하는 것과 주는 것 중 무엇이 싫은지 묻는다면, 요구하는 것이 싫다고 말할 것입니다. 만약 주는 사람의 마음이 진실로 요구하는 사람이 싫어하는 만큼이나 싫어한다면 남에게 주는 사람이 없을 것입니다. 그런데 지금 제가 요구하지 않았는데도 매우 후하게 그대에게 받았으니, 참으로 그대는 주기를 즐기시는 분이시군요.

答大瓠[之二]
求與予孰厭 曰求厭 使予者之心 誠若求者之厭 人無予者 今僕不求而獲賜至厚 信乎足下之樂予也

대호에게 보내는 답장[세 번째]

 "진실하고 성실한 사람에게는 반드시 보답이 있고, 침착하고 조용한 사람에게는 반드시 수양이 있고, 너그럽고 후한 사람에게는 반드시 복이 있고, 부지런하고 검소한 사람에게는 반드시 이룸이 있다"라고 했는데, 이는 감경(甘京)215)이 했던 말입니다. 그의 스승 정산(程山)216)은 여기에다 네 가지 말을 더 보탰는데, "근엄하고 공경한 사람에

---

215) 감경(甘京, 1622~?) : 명말 청초 때 사람으로, 자는 건재(健齋)이고, 제생(諸生)에 올랐다. 사문천(謝文洊)에게 배웠다. 강개(慷慨)한 기상을 지녀 송나라 진량(陳亮)의 사람됨을 흠모했다. 과거에 응시하지 않고 학생들을 가르치며 자급했다. 저서로 《축원고(軸園稿)》 등이 있다.

216) 정산(程山) : 명말 청초 때 학자인 사문천(謝文洊, 1616~1681)의 호다. 자는 추수(秋水)이고, 또 다른 호는 약재(約齋)·고암(顧菴)이다. 20세에 광창(廣昌)의 향산(香山)에 들어가 불서(佛書)에 관심을 가지고 읽었다. 얼마 뒤 그만두고 양명학(陽明學)을 공부했다. 40세 이후 정주학(程朱學)에 마음을 기울였다. 성서(城西)에 정산학사(程山學舍)를 열고 '존락(尊洛)'을 당호로 삼았다. 송지성(宋之盛)·위희(魏禧)·팽구(彭任) 등과 함께 정산학사에서 강학했다. 저서로 《정산집(程山集)》 등이 있다.

게는 반드시 실수가 없고, 청렴하고 근신한 사람에게는 반드시 허물이 없고, 자상하고 신중한 사람에게는 반드시 뉘우침이 없고, 겸손하고 화순한 사람에게는 반드시 욕되는 일이 없다"는 것입니다.

제가 이 두 사람의 말을 외우고 다닌 적이 있는데, 이장(李丈)217)께서, "어찌 딱히 그렇겠는가마는 반드시 이렇게 해야 할 것이네"라고 하셨습니다. 지금 〈무필재기(無必齋記)〉를 보니, 성인이신 공자(孔子)께서 사심이 없었다는 것을 꿰뚫어 보았더군요.218)

答大瓠[之三]

眞誠者必有應 凝靜者必有養 寬厚者必有福 勤儉者必有成 此甘京語也 程山益以四語曰 嚴敬者必無失 廉謹者必無咎

---

217) 이장(李丈) : 연암의 장인인 이보천(李輔天, 1714~1777)을 이른다.

218) 〈무필재기(無必齋記)〉를… 보았더군요 : '무필'은 고집하는 것과 기필(期必)하는 것이 없이 자유롭다는 말로, 원문에는 '무필(毋必)'로 되어 있다. 《논어》〈자한(子罕)〉의 "공자는 네 가지의 마음이 전혀 없으셨으니, 사사로운 뜻이 없으셨고 기필하는 마음이 없으셨으며, 집착하는 마음이 없으셨고 이기심이 없으셨다(子絶四 毋意 毋必 毋固 毋我)"라는 구절을 이른다.

詳愼者必無悔 謙和者必無辱 僕嘗誦此兩言 李丈曰 何可必也 直須如此 今見無必齋記 洞見聖人無私

담헌(湛軒)219)에게 보내는 답장

　어젯밤 달이 밝아 비생(斐生)220)을 찾아갔다가 그를 데리고 집으로 돌아왔더니, 집을 보고 있던 사람이, "누런 말을 탄 풍채 좋고 수염 많은 손님이 찾아와 벽에다 글을 써 놓고 갔습니다"라고 하기에, 촛불을 비추어 보니 바로 그대의 필치였습니다. 아쉽게도 손님이 방문하는 것을 알려 주는 학(鶴)221)이 없어 그대에게 문에 '봉(鳳)' 자를 남기게 했으니,222) 섭섭하고도 송구합니다. 이후로는 달 밝

---

219) 담헌(湛軒) : 홍대용(洪大容, 1731~1783)의 호다.

220) 비생(斐生) : 누구인지 자세하지 않다.

221) 손님이 방문하는 것을 알려 주는 학(鶴) : 송나라 때 은자(隱子) 임포(林逋)가 고산(孤山)에 은거하면서 항상 두 마리의 학을 길렀다. 임포는 언제나 작은 배를 타고 서호(西湖)에서 노닐었는데, 혹시 손님이 임포를 찾아오면 동자(童子)가 학의 우리를 열어 주어 학들이 날아서 임포에게 갔다. 임포가 그것을 보고서 손님이 온 것을 알고 집으로 돌아오곤 했다는 《송사》〈은일열전(隱逸列傳) 임포(林逋)〉의 고사에서 온 말이다.

222) 문에 '봉(鳳)' 자를 남기게 했으니 : 《세설신어》〈혜강전(嵇康傳)〉에 "혜강과 여안은 서로 친해서 매번 생각이 날 때마다 1000리를 말을

은 저녁이면 외출하지 않고 있겠습니다.

謝湛軒

昨夜月明 訪斐生 仍相携而歸 守舍者告曰 客乘黃馬 頎而髥 壁書而去 燭而照之 乃足下筆也 恨無報客之鶴 致有題門之鳳 慊慊悚悚 繼此月明之夕 聊當不敢出

몰아 찾아갔다. 한번은 여안이 혜강을 찾아갔으나 혜강은 없고 그의 형 혜희가 나와 맞이했다. 그러나 여안은 들어가지 않고 문에다가 글자 하나를 적어 놓고 떠나갔다. 혜희는 알지 못하고 좋아했으나, 일부러 '봉'자를 썼으니, 이는 '범속한 새[凡鳥]'라는 뜻이다(嵇康與呂安善 每一相思 千里命駕 安後來 值康不在 嵇喜出戶延之 不入 題門上作字而去 喜不覺 猶以爲忻 故作鳳字 凡鳥也)"라는 구절이 있는데, '봉(鳳)' 자를 파자(破字)하면 '범조(凡鳥)'가 되므로, 즉 혜희가 범속한 사람[凡人]이란 뜻으로 장난한 것이었다. 전해서 후세에는 단지 친구의 집을 방문하는 뜻으로도 흔히 쓰였다.

해 설

 이 책은《연암집》제5권〈영대정잉묵(映帶亭賸墨) 척독(尺牘)〉에 수록된 작품들로, 연암 박지원의 나이 35세 때인 1772년 10월에 엮은 것들이다. 서문에서 친지와 벗들에게 썼던 이전 편지의 부본(副本)을 모아 소집(小集)을 만들었다고 한 것으로 보아 실제 척독의 작성 시기는 1772년 이전으로 보인다.
 척독이란, 종래 학계에서 문예성을 가진 극히 짧은 편지를 가리키는 용어로 사용되어 왔다. 따라서 척독은 발신자와 수신자의 소통을 위한 사적으로 주고받는 편지라는 점에서 실용문이지만 동시에 문학 예술성을 지닌다는 점에서 문학 작품이기도 하다. 척독이 서(書)에 비해 비교적 짧다는 점에서 차이를 보이고, 서(書)가 도식적인 틀에 갇혀 있다면 척독은 문예적 미와 예술성을 강조하고 있다는 점에서 매우 다르다.

척독에 대한 연암의 인식

편지는 통신 기술이 발달하기 이전에는 없어서는 안 될 소통 수단이었다. 그렇지만 편지를 쓰는 일만을 오로지 전공한다면 사물에 정신이 빼앗겨 원대한 이상을 망각[玩物喪志]하게 되어 도를 구하는 정신을 잃게 된다고 정호(程顥)는 《소학(小學)》에서 말하고 있다. 편지를 쓰는 일은 선비가 해야 하는 일임에도 불구하고 편지의 문장을 다듬는 것은 문장에만 전념하게 되어 도를 추구하는 선비의 정신에는 어긋난다고 인식하고 있었다.

연암은 〈영대정잉묵 척독〉의 서문(序文)에서 당대 문사들에게 호감을 주지 못했던 척독에 대해 자신의 생각을 적극적으로 피력하고 있다. 당대 문사들은 편지글을 문학작품으로 인정하지 않았을 뿐 아니라 이를 대단히 부정적으로 보고 있다는 사실을 언급하고 있다. 당대 문인들이 편지 양식에 침을 튀기며 매도한 까닭은 '다음과 같이 삼가 말씀드립니다(右謹陳)'와 같은 상투적인 표현 때문이라고 했다. 사실 편지가 상투성을 띠고 있고 또 매우 형식적이고 의례적인 글이라는 것은 사실이다. 연암 역시 이러한 상투적인 표현은 매우 저속한 표현임을 인정하면서도, "붓을 잡은 사람들이 간행한 책을 보면 모두가 맛없는 음식을 가득 펼쳐 놓은 것처럼 장황하게 늘어놓기만 했을 뿐인데, 무엇 때문에 굳이 공문서의 서두에 사용하는 말이나 상투적으로 사용하는 말에 상심하는지 모르겠다(獨不知世間操觚者何限 印板摠是餖飣餕餘 則何傷於公格之頭辭 發語之例套乎)"라고 했다.

연암의 척독은 보다 문예 취향적인 편지로, 간찰(簡札)과 서(書)의 성격을 공유하고 있다. 척독은 의도를 가지고 창작하는 문예적 글쓰기로 온갖 문예적 장치나 기법을 사용하기 때문에 중의적이고 함축적인 의미를 가지고 있다. 그에 비해 일반적인 편지는 문예적인 작품과는 무관하게 자신의 솔직한 감정을 전달하는 데 목적을 두고 있다.

> 평소 문학에서는 비평 소품을 즐겨 본다니 애써 찾는 것은 오직 오묘한 지혜의 깨달음이요, 자세히 음미하는 것은 모두 신랄하기 짝이 없는 말인데, 이런 것들은 비록 젊은 시절 한때의 기호이기는 하지만 차츰 노숙해지면 저절로 없어지게 마련이므로, 심각하게 말할 것까지는 없네. 그러나 대체로 이런 문체는 전혀 법칙이 없고 그다지 고상하지 못한 것이네. 명나라 말의 문식(文飾)만 성행하고 실질은 피폐해진 시대에 오(吳)·초(楚) 지역의 잔재주는 있으나 덕이 부족한

문사들이 기괴한 설을 짓기에 힘써, 한 문단의 풍치나 한 글자의 참신한 말이 없는 것은 아니지만, 내용이 빈곤하고 자질구레해서 원기라고는 찾아볼 곳이 없는 것이네. 그런즉 예부터 내려오는 오·초 지역 촌뜨기들의 괴벽스러운 짓거리요 추잡스러운 말투이니, 어찌 본받을 만한 가치가 있겠는가?

平日於文學好看 批評小品 探索者 惟是妙慧之解 深味者 無非尖酸之語 此等雖年少一時之嗜好 漸到老實 則自然刊落 不必深言 而大抵此等文體 全無典刑 不甚爾雅 明末文勝質弊之時 吳楚間小才薄德之士 務爲吊詭 非無一段風致隻字新語 而瘦貧破碎元氣消削 則古來吳儈楚儂之畸蹤窮跡 麂唾淫咳 何足步武哉.

《연암집》〈공작관문고(孔雀舘文稿) 여인(與人)〉에서

연암은 비평 소품을 즐겨 보는 사람에게 자신이 소품을 읽는 까닭이 글 속에 담긴 '요묘한 지혜의 깨달음[妙慧之解]'을 탐색하고 '신랄하기 짝이 없는 말[尖酸之語]'을 음미하기 위해서라고 하면서 젊은 날 한때의 기호라면 몰라도 여기에 깊이 빠져서는 안 된다고 충고했다. 그의 이러한 언급은 조선 후기 척독 소품의 문예미를 논하는 데 매우 중요한 점을 시사하고 있다. 척독 가운데 벗의 범위를 벗어난 윗사람에게 쓴 글은 보이지 않는데, 이는 그가 척독을 마음이 통하는 사람들끼리 주고받음으로써 유대감을 강화하는 방편으로 삼았기 때문이다.

연암 척독에 나타난 문예미

연암은 문학, 예술, 취향 등 다양한 주제로 척독을 쓰고 있는데 그중 몇 가지만 살펴보겠다.

정서적 감정 표현

〈창애(蒼厓)에게 보내는 답장[다섯 번째]〉에는, 상대에 대한 그리움과 정서상의 감동을 잘 표현하고 있다.

> 저물녘에 용수산(龍首山)에 올라 그대를 기다렸지만, 그대는 오지 않고 강물만 동쪽에서 흘러와 간 곳을 모르겠습니다. 밤이 깊어 달 뜬 강에 배를 띄우고 돌아와 보니, 정자 아래 늙은 나무가 허옇게 마치 사람처럼 서 있어 저는 또 그대가 그곳에 먼저 와 있는 것이 아닌가 싶었습니다.
> 暮登龍首山 候足下不至 江水東來 不見其去 夜深泛

月而歸 亭下老樹 白而人立 又疑足下先在其間也.

충고와 격려

〈아무개에게 보내는 편지〉와 〈아무개에게 보내는 편지[두 번째]〉에는, 수신인에 대한 세밀한 관찰을 통해 상대의 잘못에 대해 충고하고 있다.

다른 사람에게 첫 손님으로 가면, 반드시 낯섦과 옛 모습을 가져야지 친숙하거나 다정한 듯한 태도는 짓지 말아야 합니다. "손을 씻고 국을 끓여 먼저 시누이를 불러 맛보게 한다" 했는데, 이 시를 지은 이는 아마 예(禮)를 아는 사람일 것입니다. 태묘(太廟)에 들어서는 모든 일을 반드시 물어야 하는 법입니다.
初客他人 須存生澁故態 勿爲練熟多情 洗手作羹 先嘗小姑 作此詩者 其知禮乎 入太廟 每事必問.

시골 사람이 서울 사람 흉내를 내 보아도 결국 시골 사람입니다. 이를 비유하자면 술 취한 사람이 아무리 정색을 해 보아도 취한 짓을 하니, 이를 몰라서는 안 됩니다.
鄕人京態 摠是鄕闇 譬如醉客正色 無非醉事 不可

不知.

작문에 대한 견해

〈경지(京之)에게 보내는 답장[두 번째]〉에는 작품을 표현하는 방법에 관해 자신의 의견을 피력하고 있다.

> 저 허공을 날며 우는 새는 얼마나 생기발랄합니까? 그런데 적막하게 '조(鳥)'라는 한 글자로 사물을 뭉뚱그려 표현한다면 본래의 색깔도 사라져 버리고 모양이나 소리도 흩어져 버리고 맙니다. 이는 모임에 가는 시골 늙은이의 지팡이 끝에 새겨진 비둘기나 무엇이 다르겠습니까?
> 상투적으로 사용하던 말이 싫어서 부드럽고 청아한 소리가 나는 글자로 변화를 주려고 '금(禽)' 자로 바꾸는 경우도 더러 있기도 하지만, 이런 짓은 글을 읽고 문장을 짓는 사람들의 병폐입니다.
> 아침에 일어나니 푸른 나무 그늘이 우거진 뜰에 철 따라 우는 새가 재잘대고 이어, 부채를 들어 책상을 두드리며 마구 소리 질러, "이것이 바로 내가 생각하는 '날아가고 날아오는' 글자이고, '서로 울고 화답하는' 글이다. 다섯 가지 다양한 색깔의 문장이라고 한다면

문장 중에 이보다 뛰어난 것이 없다. 오늘 나는 제대로 글을 읽었다"라고 했습니다.

彼空裡飛鳴 何等生意 而寂寞以一鳥字 抹摋沒郤彩色 遺落容聲 奚异乎赴社邨翁 杖頭之物耶 或復嫌其道常 思變輕淸 換箇禽字 此讀書作文者之過也 朝起綠樹蔭庭 時鳥鳴嚶 擧扇拍案 胡叫曰 是吾飛去飛來之字 相鳴相和之書 五采之謂文章 則文章莫過於此 今日僕讀書矣.

척독의 구성과 내용

연암 척독은 자서를 제외하면 총 50편으로 구성되어 있는데, 이한진(李漢鎭)?, 유한준(兪漢雋), 유득공(柳得恭), 정철조(鄭喆朝), 이재성(李在誠), 서중수(徐重修), 홍대용(洪大容)의 일곱 명을 제외하고는 수신인이 확실하지 않다. 총 25명에게 보낸 편지를 모았는데, 그중 창애(蒼厓)에게 보낸 것이 9통으로 가장 많다.

영대정잉묵(映帶亭賸墨) 척독(尺牘)

차례	제목	수신인
1	자서(自序)	
2~4	경지에게 보내는 답장(答京之 1~3)	이한진(李漢鎭)?
5~7	중일에게 보내는 편지(與中一 1~3)	미상
8~16	창애에게 보내는 답장(答蒼厓 1~9)	유한준(兪漢雋)
17	설초에게 보내는 편지(與雪蕉)	미상
18	치규에게 보내는 편지(與穉圭)	미상
19	중관에게 보내는 편지(與仲觀)	미상
20	어떤 사람에게 보내는 편지(與人)	미상
21~24	중옥에게 답하다(答仲玉 1~4)	미상
25	북쪽 이웃의 과거 급제를 축하하다(賀北鄰科)	미상
26	사강에게 보내는 답장(答士剛)	미상
27~28	영재에게 보내는 답장(答泠齋 1~2)	유득공(柳得恭)
29	아무개에게 보내는 답장(答某)	미상
30	성지에게 보내는 편지(與誠之)	미상
31~34	석치에게 보내는 편지(與石癡 1~4)	정철조(鄭喆朝)
35	어떤 사람에게 보내는 편지(與人)	미상
36~37	아무개에게 보내는 편지(與某 1~2)	미상
38	군수에게 보내는 답장(答君受)	미상
39	중존에게 보내는 편지(與仲存)	이재성(李在誠)
40~41	경보에게 보내는 편지(與敬甫 1~2)	미상
42	원심재에게 보내는 편지(與遠心齋)	미상
43	초책에게 보내는 편지(與楚幘)	미상
44~45	성백에게 보내는 편지(與成伯 1~2)	서중수(徐重修)
46~47	종형에게 올리는 편지(上從兄 1~2)	미상
48~50	대호에게 보내는 답장(答大瓠 1~3)	미상
51	담헌에게 보내는 답장(謝湛軒)	홍대용(洪大容)

결론

척독은 편지글의 일종이지만, 의미를 전달하는 방식이 일반 간찰과는 매우 다른 특징을 가지고 있다. 그들의 글쓰기는 실용적 글쓰기에 국한되는 것이 아니라 한 편의 문학작품을 완성하듯 문예적 요소를 담았다. 그런데 이를 굳이 소품의 범주에서 다루는 이유는 길이가 짧다는 데 있다.

척독은 당시 낯설고 가볍다는 비난이 난무했음에도 불구하고 정형화된 편지에 비해 훨씬 경쾌하고 함축적이면서 절묘한 감정의 울림이 있다.

매번 책이 나올 때마다 꼼꼼하게 읽어 잘못을 바로잡아 주신 이병욱 선생님께 다시 한번 감사를 드리며, 매주 토요일 함께 공부하는 구초회 회원들의 건승을 기원한다.

참고 문헌

안대회, 《조선후기 소품체의 실체》(태학사, 2003)
김혈조, 〈연암 편지의 세 가지 층위에 대하여〉
  (《대동한문학》 36집, 대동한문학회 2012).

정민, 〈연암 척독소품의 문예미〉(《한국한문학연구》 31집, 한국한문학회, 2003).
김성진, 〈조선 후기 소품체 산문 연구〉(부산대학교 박사 논문, 1991).

지은이 연보

1737년 2월 5일(1세)에 반남(潘南) 박씨 아버지 사유(師愈)와 어머니 함평(咸平) 이씨 사이에서 2남 2녀 중 막내로, 한양 서쪽 반송방(盤松坊) 야동(冶洞)에서 태어났다.

1739년(3세)에 형 희원(喜源)이 혼인했다. 형수는 이씨로 16세에 시집와서 연암을 잘 돌보았다.

1741년(5세)에 경기도 관찰사를 제수받은 조부 박필균(朴弼均)을 따라갔다가 한 번 본 감영의 모양과 칸수를 말했다.

1752년(16세)에 전주 이씨 이보천(李輔天)의 딸과 혼인했다. 장인에게 《맹자》를 배우고, 처숙 이양천(李亮天)에게 《사기》〈신릉군열전(信陵君列傳)〉을 배웠다. 이 무렵 〈항우본기(項羽本紀)〉를 본떠 〈이충무공전(李忠武公傳)〉을 지어 칭찬을 받았다.

1753년(17세)에 우울증으로 고생했다.

1754년(18세)에 우울증에 시달려 음악과 서화, 골동품, 기타 잡물을 취미 삼고 손님을 초대해 해학과 담론을 즐겼다. 〈광문자전(廣文者傳)〉을 짓고 〈민옹전(閔翁傳)〉의 주인공인 민 옹을 이 무렵에 만났다.

1755년(19세)에 연암의 학문을 지도했던 영목당(榮木堂) 이양천이 40세의 나이로 사망했다. 연암은 그의 죽음을 애도해 〈제영목당이공문(祭榮木堂李公文)〉을 지었다.

1756년(20세)에 김이소(金履素), 황승원(黃昇源), 홍문영(洪文泳), 이희천(李羲天), 한문홍(韓文洪) 등과 북한산 봉원사(奉元寺) 등을 찾아다니며 공부했다. 봉원사에서 윤영(尹映)을 만나 허생의 이야기를 전해 들었다. 이 무렵 〈마장전(馬駔傳)〉과 〈예덕선생전(穢德先生傳)〉을 지었다.

1757년(21세)에 세상의 기이한 인물이나 사건을 듣고 〈방경각외전(放璚閣外傳)〉을 지었다. 이 무렵 불면증과 우울증이 깊어졌다.

1758년(22세)에 〈대은암창수시서(大隱岩唱酬詩序)〉를 지었다.

1759년(23세)에 어머니 함평 이씨가 59세의 나이로 세상을 떠났다. 〈독례통고(讀禮通考)〉를 초(抄)했다. 후에 이종목(李鍾穆)에게 출가한 큰딸이 태어났다.

1760년(24세)에 조부 박필균이 세상을 떠났다. 연암의 곤궁한 생활이 이때부터 더욱 심해졌다.

1761년(25세)에 북한산에서 독서에 매진했는데 이때 수염이 희어졌다고 한다. 절이나 강, 정자를 떠돌며 김이소 등 10여 명과 과거 공부에 매진했다. 단릉처사 이윤영(李胤永)에게 《주역》을 배웠고, 이해에 홍대용(洪大容)을 만났다. 성균관으로 시험을 치러 들어가서는 고목이나 노송 등만 그리고 과거에 뜻을 보이지 않았다.

1764년(28세)에 효종이 북벌 때 쓰라고 송시열(宋時烈)에게 하사했다는 담비 가죽으로 만든 갖옷[貂裘]을 구경하고 〈초구기(貂裘記)〉를 지었다.

1765년(29세)에 벗인 김이중(金履中)이 나귀 살 돈 100냥을 보내 연암에게 금강산 구경을 하게 했다. 유언호(兪彦鎬), 신광온(申光蘊) 등과 금강산을 유람하며 〈총석정관일출(叢石亭觀日出)〉을 지었다. 이 무렵 〈김신선전(金神仙傳)〉을 지었다.

1766년(30세)에 홍대용의 《건정동회우록(乾淨衕會友錄)》에 서문을 썼다. 장남 박종의(朴宗儀)가 태어났다.

1767년(31세)에 〈우상전(虞裳傳)〉, 〈역학대도전(易學大盜傳)〉, 〈봉산학자전(鳳山學者傳)〉을 지었다. 부

친 박사유가 사망했다. 장지 문제로 녹천(鹿川) 이
유(李濡) 집안과 시비가 벌어졌다. 이 일로 상대방
의 편을 들어 상소를 올렸던 이상지(李商芝)가 스
스로 관직에서 물러난 것을 보고 이때부터 연암도
스스로 벼슬길을 단념했다.

1768년(32세)에 오늘날의 탑골 공원인 백탑(白塔)으로 이
사했다. 이사한 집의 이름을 '공작관(孔雀館)'이라
짓고 자신의 호로 삼았다. 이덕무(李德懋), 서상수
(徐常修), 유득공(柳得恭), 유금(柳琴) 등과 이웃
해 깊은 교우를 맺었다. 박제가(朴齊家), 이서구
(李書九)가 제자가 되었다. 이른바 북학파(北學
派) 혹은 백탑파(白塔派)의 형성 시기다.

1769년(33세)에 이서구가 지은 《녹천관집(綠天館集)》의
서문을 지었다.

1770년(34세)에 감시(監試)의 초・종장에 모두 장원해 영
조(英祖)에게 칭찬을 받았다. 많은 이들이 그를 급
제시켜 공을 세우려 했으나, 회시(會試)에 응하지
않았고 응시하더라도 시권을 제출하지 않거나 아
예 노송과 괴석을 그려 제출해 벼슬할 뜻이 없음
을 밝혔다. 이후 다시는 과거를 보지 않았고 술을
많이 마시게 되었다. 벗들과 북한산의 대은암(大

隱菴)에 놀러 가서 시와 문장을 주고받은 것을 기록한 〈대은암창수시서(大隱菴唱酬詩序)〉를 지었다.

1771년(35세)에 큰누이가 사망하자 죽음을 슬퍼하면서 〈백자증정부인박씨묘지명(伯姉贈貞夫人朴氏墓誌銘)〉을 지었다. 이덕무, 백동수(白東脩) 등과 송도와 평양을 거쳐 천마산, 묘향산, 속리산, 가야산, 단양 등 명승지를 두루 유람했고, 황해도 금천 연암골을 보고는 몹시 좋아해 연암(燕巖)을 호로 삼았다. 장지 문제로 이상지와 크게 다투었다. 연암의 스승 이윤영의 아들이자 벗인 이희천(李羲天)이 《명기집략(明紀輯略)》 사건으로 교수형을 당했다. 연암은 이 일로 충격을 받아 경조사도 끊고 마치 폐인처럼 지냈으니, 이희천이 효수를 당한 지 3년 뒤인 1774년에 쓴 〈이몽직애사(李夢直哀辭)〉라는 글에 그의 심정이 잘 나타나 있다.

1772년(36세)에 식구들을 광릉(지금의 성남시 분당 일대)의 석마향(石馬鄕)에 있는 처가로 보내고 서울 전의감동(典醫監洞)에서 혼자 살기 시작했다. 가까이 지내던 홍대용, 정철조(鄭喆祚), 이서구, 이덕무, 박제가, 유득공 등 여러 벗들과 더욱 친하게 사귀었다. 이서구가 〈하야방우기(夏夜訪友記)〉를 쓰자 〈수소완정하야방우기(酬素玩亭夏夜訪友記)〉를 써서, 소탈하게 지내던 자신의 생활을 그려 내었다. 삼종질 박종덕(朴宗德)의 아들 박수수(朴綏壽)가 29세로 죽자, 〈족손증홍문정자박군묘지명(族孫贈弘文正字朴君墓誌銘)〉을 지었다. 벗들에게 보낸 편지를 모아 〈영대정잉묵(映帶亭剩墨)〉을 펴고, 스스로 서문을 썼다. 박제가의 문집 《초정집(楚亭集)》의 서문을 지었다.

1773년(37세)에 이덕무, 유득공과 파주(坡州) 등을 거쳐 평양을 유람했다.

1774년(38세)에 송나라 이당(李唐)의 그림 〈장하강사(長夏江寺)〉가 조선에 들어온 내력을 기록한 〈제이당화(題李唐畵)〉를 썼다.

1776년(40세)에 북학파의 문집인 《한객건연집(韓客巾衍集)》이 출간되었다.

1777년(41세)에 장인 이보천이 세상을 떠나자 〈제외구처사유안재이공문(祭外舅處士遺安齋李公文)〉을 지어 추도했다.

1778년(42세)에 북경으로 사신 가는 이덕무와 박제가를 전송했다. 가난한 집안 살림을 도맡아 왔던 형수

이씨가 세상을 떠났다. 서울 생활을 청산하고 홍국영(洪國榮)의 견제를 피해 연암골에 은둔했다. 형수의 유해를 연암으로 옮기고 〈백수공인이씨묘지명(伯嫂恭人李氏墓誌銘)〉을 지었다.

1779년(43세)에 이덕무, 유득공, 박제가가 규장각검서관(檢書官)에 등용되자 축하의 편지를 보냈다.

1780년(44세)에 홍국영이 실각하자 서울로 돌아와 처남 이재성(李在誠)의 집에 머물렀다. 삼종형인 박명원(朴明源)을 따라 북경을 다녀와 《열하일기(熱河日記)》를 쓰기 시작했다. 차남 박종채(朴宗采)가 태어났다. 〈허생전(許生傳)〉과 〈호질(虎叱)〉을 지었다.

1781년(45세)에 당시 영천군수로 있던 홍대용이 얼룩소 두 마리, 공책 20권, 돈 200민(緡) 등을 보내면서 연암의 《열하일기》 저술을 격려했다. 박제가가 쓴 《북학의(北學議)》의 서문을 지었다. 정철조가 죽자 그를 위해 〈제정석치문(祭鄭石癡文)〉을 지었다.

1783년(47세)에 연암에게 글을 배우던 박경유(朴景兪)의 처가 남편을 따라 죽자, 〈열부이씨정려음기(烈婦李氏旌閭陰記)〉를 지었다. 홍대용이 죽자 손수 염을 하고 〈홍덕보묘지명(洪德保墓誌銘)〉을 지었다.
1786년(50세)에 친구인 이조판서 유언호의 천거로 종9품 벼슬인 선공감감역(繕工監監役)에 임명되었다. 연암이 음보(蔭補)로 처음 출사하자 노론 벽파의 실력자 심환지(沈煥之)와 정일환(鄭日煥) 등이 찾아와 자신들의 당파로 끌어들이려 했으나 연암은 그때마다 해학적인 말로 쫓아냈다.

1787년(51세)에 동갑내기 부인인 전주 이씨가 세상을 떠났다. 아내를 잃은 후 평생 독신으로 지냈다. 아내의 상을 당해 이를 애도한 절구 20수를 지었다고 하지만 전하지 않는다. 형 박희원(朴喜源)이 세상을 떠나자 〈연암억선형(燕巖憶先兄)〉을 지었다. 형수를 모신 연암협에 형을 안장했다. 《송자대전(宋子大全)》 편수에 참여했다.

1788년(52세)에 일가족이 모두 전염병에 걸려 큰며느리가 죽고 장남 박종의도 위독한 끝에 간신히 회생했다. 종제(從弟) 박수원(朴綏源)이 선산부사로 나아가 집이 비게 되자 연암은 지금의 종로구 가회동의 계산동(桂山洞) 집에서 잠시 머물렀다.

1789년(53세)에 평시서주부(平市署主簿)로 승진했다. 문하생 최진관(崔鎭觀)의 아버지가 돌아가시자 〈치

암최옹묘갈명(癡菴崔翁墓碣銘)〉을 지었고, 개성의 선비 김형백(金亨百)이 세상을 떠나자 〈취묵와 김군묘갈명(醉默窩金君墓碣銘)〉을 지어 애도했다. 가을에 공무의 여가를 얻어 다시 연암골로 들어갔다.

1790년(54세)에 삼종형 박명원이 세상을 떠나자 〈삼종형 금성위증시충희공묘지명(三從兄錦城尉贈諡忠僖公墓誌銘)〉을 지었다. 사헌부감찰로 벼슬을 옮겼으나 사헌부(司憲府)라는 이름이 중부(仲父)의 이름인 사헌(師憲)과 같다고 해서 사양했다.

1791년(55세)에 한성부판관(漢城府判官)으로 전보되었다.

1792년(56세)에 안의현감(安義縣監)으로 부임했다. 문체반정(文體反正) 바람이 서서히 일기 시작해 이동직(李東稷)이《열하일기》의 문체가 저속하다고 논박하는 상소를 올렸다.

1793년(57세)에 문체반정의 주동자로 지목하는 정조(正祖)의 말을 담은 글을 남공철(南公轍)이 보내왔다. 봄에 도내 흉년이 들자 녹봉을 덜어 백성을 구했다. 〈열녀함양박씨전(烈女咸陽朴氏傳)〉을 지었다.

1794년(58세)에 〈함양군학사루기(咸陽郡學士樓記)〉를 지었다.

1795년(59세)에 가을에 차남 박종채가 혼인했다.

1796년(60세)에 임기가 만료되자 서울로 돌아와 계산동에 중국 건축 제도를 모방한 다락 얹은 집을 햇볕에 말린 흙벽돌로 짓고 총계서숙(叢桂書塾)이라 불렀는데 사람들이 이곳을 중국식 집이라 해서 '당댁(唐宅)'이라 불렀다. 이곳이 바로 계산초당(桂山草堂)이다.

1797년(61세)에 면천군수에 임명되자 임금을 알현했다. 이때 문체에 관해 정조와 이야기를 나누었다. 정조의 명령으로 〈서이방익사(書李邦翼事)〉를 지었다.

1798년(62세)에 연암이 있던 면천군에 천주교가 성행했지만 천주교도들을 크게 벌하지 않고 기회를 주어 방면했다.

1799년(63세)에 정조의 어명에 따라 《과농소초(課農小抄)》와 부록 〈한민명전의(限民名田議)〉를 지었다.

1800년(64세)에 정조가 승하(昇遐)했다. 양양부사(襄陽府使)에 부임했다.

1801년(65세)에 양양부사를 그만두고 서울로 올라왔다.

1802년(66세)에 아버지의 묘를 포천으로 이장하려다가 유한준이 방해해 좌절해서 울화병이 생겼다.

1804년(68세)에 여름 이후 병세가 더욱 심해지자 약 복용을 금하고 장례를 검소하게 치르라고 했다.

1805년(69세) 10월 20일, 가회방(嘉會坊) 재동(齋洞) 집의 사랑에서 사망한 후 경기도 장단(長湍) 송서면(松西面) 대세현(大世峴)에 장사 지냈다.

1900년 김택영(金澤榮)이 편찬한 《연암집》이 간행되었다.

1901년 김택영이 편찬한 《연암속집》이 간행되었다.

옮긴이에 대해

　박상수(朴相水)는 민족문화추진회(현 한국고전번역원), 국사편찬위원회, 온지서당, 중국 어언문화대학교 등에서 한문과 고문서, 초서와 중국어를 공부했고, 단국대학교 한문학 박사 과정을 수료했다. 단국대학교 동양학연구소 전문위원, 단국대학교 강사, 한국한문학회 출판이사 등을 역임했으며, 지금은 전통문화연구회, 고전번역연구소, 국사편찬위원회, 구초회에서 한문 번역과 탈초·강의를 하고 있다.

　번역서와 탈초 자료로,《간찰(簡札) 선비의 일상》,《고시문집(古詩文集)》,《구소수간(歐蘇手簡)》,《다천유고(茶泉遺稿)》,《동국명현유묵(東國名賢遺墨)》,《동작금석문집(銅雀金石文集)》,《류성룡, 전란(戰亂)을 헤치며》,《문장의 법칙》,《미국 와이즈만 미술관 한국 문화재 도록》,《방산유고(芳山遺稿)》,《붓 끝에 담긴 향기(香氣)》,《사문수간(師門手簡)》,《사상세고(沙上世稿)》,《서포일기(西浦日記)》,《습재집(習齋集)》,《신식 비문척독(備門尺牘)》,《심원권 일기》1~3,《아언각비(雅言覺非)》,《오가보첩(吾家寶帖)》,《왕양명 집안 편지》,《율곡 친필 격몽요결》,《조선 말 사대부 27인의 편지, 우경 안정구 선생 간찰집》,《주자, 스승 이통과 학문을 논하다》,《중국의 음식 디미방, 수원식단》,《초간독(草簡牘)》,《퇴계 편지 백 편》,《한문 독해 첩경 문학편》,《한문 독해 첩경 사학편》,《한문 독해 첩경 철학편》,《항전척독(杭傳尺牘)》,《허균 척독(許筠尺牘)》 등 다수가 있다.

연암 척독

지은이 박지원
옮긴이 박상수
펴낸이 박영률

초판 1쇄 펴낸날 2024년 2월 7일

지만지한국문학
출판등록 제313-2007-000166호(2007년 8월 17일)
02880 서울시 성북구 성북로 5-11
전화 (02) 7474 001, 팩스 (02) 736 5047
commbooks@commbooks.com
www.commbooks.com

ⓒ 박상수, 2024

지만지한국문학은
커뮤니케이션북스(주)의 한국 문학 출판 브랜드입니다.
이 책은 저작권자와 계약하여 발행했으므로, 본사의 서면 허락 없이는
어떠한 형태나 수단으로도 이 책의 내용을 이용할 수 없습니다.

ISBN 979-11-288-2722-8 03810

책값은 뒤표지에 있습니다.